気持ちが伝わる

はじめての

動画
つき

手話

NPO手話技能検定協会副理事長

谷 千春 監修

主婦の友社

もくじ

1章 まず覚えたい基本の手話

基本の声かけ

よく使う手話50

聴覚障がい者をサポートする

手話や聴覚障がいについて

2章 新しい生活様式の手話

手話通訳士
NPO手話技能検定協会副理事長
谷 千春

どんどん使って、手話のおもしろさを知ってください

　私は高校生のときに手話を学び始めました。当時は「手話の勉強をしているなんてすごいね」と言われるほど、手話は特別なものでした。でも、最近はテレビなどで手話を目にする機会も増え、ネットでは世界中の手話を見ることもできます。コロナ禍以降、オンライン教室が始まったり、学び方の選択肢も増え、さまざまなかたちで手話で人とつながることも可能です。

　特に学び始めのころには、「間違った手話になったら相手に失礼だ」「完璧にマスターしてから使おう」などと思ってしまうかもしれません。でも、そんな心配は無用です。少し覚えたらどんどん使ってみてください。聴覚障がい者の方たちも、手話を使おうとしてくれていることをうれしく思うはずです。使うほどに、手話のおもしろさにも気づいていきますよ！

もくじ

6章 接客・応対の手話

もくじ

本書・動画の見方

本書は、メインの会話部分に語源や関連の単語を加えたり、文法コラムを差し挟むなどし、自然に応用知識を得て、楽しく学べるようになっています。動画でも動きが確認できます。

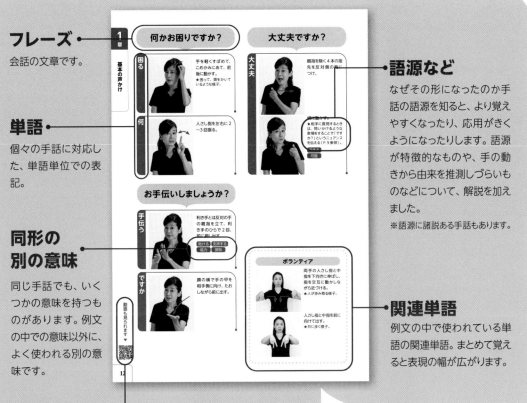

フレーズ
会話の文章です。

単語
個々の手話に対応した、単語単位での表記。

同形の別の意味
同じ手話でも、いくつかの意味を持つものがあります。例文の中での意味以外に、よく使われる別の意味です。

語源など
なぜその形になったのか手話の語源を知ると、より覚えやすくなったり、応用がきくようになったりします。語源が特徴的なものや、手の動きから由来を推測しづらいものなどについて、解説を加えました。
※語源に諸説ある手話もあります。

関連単語
例文の中で使われている単語の関連単語。まとめて覚えると表現の幅が広がります。

動画
本書掲載の手話は、スマホやパソコンなどから動画が見られます。QRコードを読みとると、YouTube動画にアクセスできます。動画は基本、本の見開きごとになっていますが、3ページ分など例外的なものについては「○～○ページの動画」といったように表示されています。

●2画面式なので、やりやすいほうを参考にしてください。
●動画は、単語（ゆっくりめ）→フレーズ（通常スピード）の順になっています。（例:「困る」「何」→「何かお困りですか？」）

※再生スピードはYouTubeの設定で変更できます。
※本と動画で手話の細部が異なる場合もあります。
※動画サービスにつきましては、予告なく終了させていただく場合がございます。あらかじめご了承ください。

ミラー撮影について

本書の写真はすべて、右利きの人が鏡合わせにマネできるようになっています（ミラー撮影）。たとえば、写真のモデルが向かって右手を上げているなら、そのまま鏡合わせに右手を上げればOKです。
＊左利きの人がやりにくい場合は、鏡合わせにせず、写真のモデルが向かって右手を上げていたら、左手を上げます（空書きの文字は、自分から見て正字になるように書きます）。

※手話は、新しい表現ができるなどして、変わっていく場合もあります。

手話の基本

「手話」ってどんなもの?

聴覚障がいのある人が、まわりの人とコミュニケーションをとるために生み出された、手指を主に使った言葉です(P.10も参照)。

手話には大きく分けて、2つの形式があります

手話を大きく分けると、「日本手話」と「日本語対応手話」の2つの形式があります(その中間の「中間手話」もある)。聞こえの程度や失聴年齢によって、日本手話を使う人、日本語対応手話を使う人に分かれます。

日本手話

日本語とは違う文法や言葉の並びなど、独自のルールを持つ手話。表情や空間も利用するため、少ない単語数でテンポよく会話できる。

日本語対応手話

日本語の会話の語順どおりに、手話の単語をあてはめて表現する手話。「てにをは」も含めて表現するため、日本語のニュアンスを正確に相手に伝えることができる。

たとえば、「あなたは手話がじょうずですね」だと、日本語対応手話は日本手話の2倍の単語数になります。

本書では、こちらを採用しています

日本手話

手話 / じょうず / あなた

日本語対応手話

あなた / が / は / じょうず / 手話 / ですね

※同じ内容を伝えるときでも、解釈やシチュエーションなどにより、手話にはいくつかのバリエーションがある場合があります。

手話はどうやって表すの？

日本手話は、手指、腕を使った動作だけでなく、表情や口の形などを加えて表現することで、言いたいことを伝達します。日本手話では、伝えたいことを正確に表現するには、手指の動き以外の要素も重要です。

表情

楽しい、悲しい、困ったなど、手話では手指の表現に合わせた表情を見せることで、スムーズに意味が伝わります。また、手の形は同じでも、表情によって問いかけや誘い、否定など、意味が変わってくることもあります（P.28参照）。

＊手話の中には顔をさわる表現もありますが、コロナ感染予防の観点から気になる場合は、実際にさわらなくても、さわっているように見えれば伝わります。

口・声

聴覚障がいのある人の中には、手指の動きに加え、相手の口元（口形）も見て話の内容を読みとる人も多くいます。手話をするときは、相手に合わせて手指を動かすのに加え、口をはっきり動かしたほうが伝わることもあります。また、聴覚障がいのある人の中には、少しは聞こえる人もいます。その場合、声もいっしょに出すといいでしょう。

手指

相手からはっきり見えるように動かしましょう。指の形や動きが違うと、まったく違う表現になってしまう手話もあります。手を動かす方向や回数などは、話の内容や行う人によって変わる場合があります。

手話と表情がそぐわないと伝わらない

元気（です）○

元気（です）×

手は「元気」のサインで、表情もイキイキしているので、スムーズに伝わります。

手は「元気」のサインなのに表情が疲れていると、相手は混乱してしまいます。

手話は自分の利き手で表してOK

右利きの人の場合、左手は固定されたものを表現し、右手で動きを表す手話が基本になります。左利きの人も、右利きと同じでももちろんOKなのですが、それだとやりにくい場合、左右逆になっても通じるので問題ありません。ただ、相手によっては、意味を読みとるのに少し時間がかかる場合もあるでしょう。

＊上の写真は、右利きの人が「楽しい」という手話をしたものを、左右反転させたものです（ミラー撮影・P.7参照）。

手話ミニ知識

手話はいつごろ始まったの?

大昔の人類の骨を調べたところ、声を出す器官があまり発達していなかったそうです。集まって暮らしていたのに声をあまり出していなかったとすると、手や身ぶり、表情を使った会話、つまり手話を使っていたと考える学者もいます。

日本では1878年に最初のろう学校が京都でつくられ、近代の手話が始まったといわれます。海外では、フランスの神父が1760年ごろからパリでろう児を教育し、のちにそれがろう学校に発展しました。

手話はどうつくられたの?

いま使われている手話ができる前にも、耳の聞こえない人とそのまわりの人たちは、身ぶり手ぶりでコミュニケーションをとっていました。耳の聞こえない人と、その家族やまわりの人との間で使われる手話を「ホームサイン」といいます。

これらがだんだんとまとめられていき、いまのような手話ができ上がったと考えられます。話す言葉に方言があるように、手話も地域によって異なることがあります。また、世代によっても表現が異なる手話が見られます。

手話はいくつぐらいあるの?

これは数え方によるので、いくつとはっきりいうのはむずかしい面があります。たとえば、『雨』という手話は、手の動きを大きくすると「大雨」、小さくすると「小雨」という意味になり、『雨』で1つなのか、『雨』『大雨』『小雨』と分けるのかでも異なります。

1万語ほど載っている手話辞典もあります。新しい言葉については、それに対応する手話を日本手話研究所がつくり、毎年200語ずつぐらい発表しています。

ほかの国でも使われているの?

世界のどの国にも手話はあり、「世界ろう連盟」には120ほどの国が参加しています。手話は国や地域によって異なる場合が多いのですが、言葉によっては、違う国で同じ手話が使われていることがあります。たとえば南アメリカの多くの国ではスペイン語が使われているので、スペインの手話と南アメリカの手話は似ています。一方で、イギリスとアメリカはどちらも英語が使われていますが、手話はそれぞれです。

1章

まず覚えたい
基本の手話

何かお困りですか？

困る

手を軽くすぼめて、こめかみにあて、前後に動かす。
★困って、頭をかいているような様子。

何

人さし指を左右に2〜3回振る。

大丈夫ですか？

大丈夫

親指を除く4本の指先を反対側の胸につけ、

横に動かす。
★相手に質問するときは、問いかけるような表情をすることで「ですか？」というニュアンスを伝える（P.9参照）。

できる
可能

お手伝いしましょうか？

手伝う

利き手とは反対の手の親指を立て、利き手のひらで2回、前に押し出す。

助ける 支持する
協力 援助

ですか

顔の横で手の甲を相手側に向け、たおしながら前に出す。

ボランティア

両手の人さし指と中指を下向きに伸ばし、指を交互に動かしながら近づける。
★人が歩み寄る様子。

人さし指と中指を前に向けて出す。
★共に歩く様子。

聴覚障がいのある人が困りがちなこと

1
「困っていること」に気づいてもらえない

たとえば、視覚障がいのある人は白杖を使うことが多いため、見ただけで「あの人は視覚障がいがある」とわかってもらえます。しかし、聴覚障がいは見た目だけではわからないことが多いもの。そのため、「周囲の音や声が聞こえずに困っている」と、気づいてもらえない場合も少なくありません。

2
「無視している」など、相手に誤解されがち

離れた場所や背後からだと声をかけられても気づかず、返事や応対ができないことも。そのため「無視した」と誤解されることがあります。また、何度も話の内容を尋ね返したり、さえぎったりすることへの遠慮から、わからないのについうなずいたりしてしまい、行き違いが生じてしまうこともあります。

3
自分が呼ばれていることに気づかない

順番待ちの際、電光掲示板を使う銀行、郵便局、病院や、振動する器具を使うフードコートなど、聴覚障がいがある人も困らない呼び出し法が増えてきました。しかし、名前を呼ぶだけの場所もまだあり、その場合、呼ばれていることに気づかないため、順番を後回しにされてしまうことがあります。

4
駅や車内でのアナウンスがわからない

駅構内、電車やバスの車内では乗りかえ案内などをアナウンスしていますが、それらの情報を入手することができません。また、電車の事故や遅延などの情報が放送されても聞こえないため、判断や対応が遅れがち。「スーパーでタイムセールの放送があっても聞こえないから買いそびれる」という声も。

5
周囲の状況を察知しにくく危険

聴覚障がいがある人は、背後から近づいてくる自転車のベルや自動車のクラクションが聞こえなかったり、火災報知器の音や防災放送などが聞こえないために、危険にさらされる可能性が高くなります。また、危険な目にあったときなど、警察や消防署などにすぐに通報しづらい不便さもあります。

└→「電話リレーサービス」（P.50）がスタートしました。

6
コミュニケーションがとりづらい

中途失聴者の中には手話が得意ではない人もいますし、高齢の聴覚障がい者の中には文章の読み書きが苦手な人もいます。そのため、相手や状況などによって、十分なコミュニケーションがとれないことがあります。コミュニケーション法は、相手に合わせて選ぶことが大切です（P.17 参照）。

手話コミュニケーションで大切なポイント

相手に表情や口元が見やすいようにする

聴覚障がいのある人たちにとって手話と同じくらい大切な情報源になるのが、相手の表情や口の動き。しっかり見えるよう、手話を使うときは相手に顔を向けましょう。

└→マスクが必要な場合では、透明マスク（P.37）が役立ちます。

わかったフリをしない

相手の手話のスピードが速かったり知らない単語があると、読みとれないことも。そういうときは遠慮せず、わからないのでくり返してほしいなどの意思表示をしましょう。

ストレートな表現を心がける

社交辞令や謙遜などのニュアンスは手話では通じにくく、誤解のもとにも。あいまいな表現も伝わりづらいので、できるだけストレートな表現にしましょう（P.14 参照）。

よく使う手話 1
はい

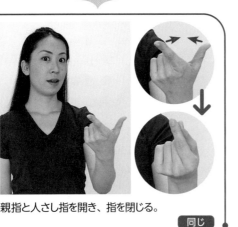

はい

親指と人さし指を開き、指を閉じる。

同じ

よく使う手話 3
わかりました

わかる

手のひらを胸にあてて下ろす。
★手を下ろす代わりに、胸の中央を軽くたたいてもよい。

知る
了解

よく使う手話 2
いいえ

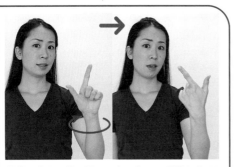

いいえ

親指と人さし指を開いて上に向け、手首をくるりと半回転させる。

違う

よく使う手話 4
わかりません

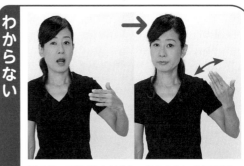

わからない

肩の前で手を軽くすぼめ、払うように2回振る。

知らない

あいまいな表現は手話ではあまり使わない

口語の会話では、「行けたら、行きます」のようなあいまいな表現をよく使います。しかし、このような表現だと「行く」のか「行かない」のか不明瞭で、手話だとさらにニュアンスが読みとりにくくなります。そのため、手話では「行く」「行かない」、「イエス」「ノー」など、はっきりと表現するのが一般的です。

どうしても「イエス」「ノー」が即答しづらいときには、右記のように「どちらとも言えません」などの表現もありますが、「迷っているので」「あとで答えます」のようにフォローを加えると親切です。

どちらとも言えません

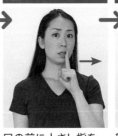

どちら

両手の人さし指を立て、互い違いに上下させる。

言う

口の前に人さし指を立て、前に出す。

むずかしい

親指と人さし指を、ほおをつねるように回す。

困難　無理　できない

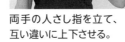

いいよ

かまわない

小指を伸ばし、

2回あごにつける。

「かまわない」を応用してみよう！

どういたしまして

いいえ

手を左右に振る。
★左ページの『いいえ』が「違います」という否定なの対し、こちらの『いいえ』は謙遜や遠慮のニュアンス。

かまわない

小指を伸ばして、2回あごにつける。
★「かまわないです」→「大丈夫です」→「どういたしまして」というニュアンス。

いけません

ダメ

胸の前で、両手で大きく×をつくる。

親指を使った「ダメ」は違う意味にとられる危険も

　親指を立てるサインは、手話では「ダメ」という意味です。しかし、手話ではないジェスチャーで、「OK」「よくできた！」と親指を立てることもありますね。また最近では、SNSなどの「いいね！」のマークとして親指を立てたマークが知られているため、逆の意味に受けとられる心配があるので、気をつけましょう。

いけません

ダメ

親指を立てて、前に出す。

大丈夫ですよ

大丈夫

親指を除く4本の指先を反対の胸につけ、

横に動かす。
できる
可能

よく使う手話**8** ありがとう

ありがとう

指を伸ばした利き手を、反対の手の甲に乗せ、

上に上げる。
★相撲で、勝った力士が行司から懸賞金を受け取る際の「手刀（てがたな）」がもとになっている。

感謝
おかげ

よく使う手話**10** すみません

迷惑

親指と人さし指で、眉間のあたりをつまむようにする。

お願い

顔の前に手のひらを立て、前にたおす。

よく使う手話**9** よろしくお願いします

よい

鼻の前で手を握り、前に出す。
★よいことがあって鼻が高い様子。
善

お願い

顔の前に手のひらを立て、

前にたおす。

2通りの表現がある「こちらこそ」

「こちらこそ」の表現は2通りあります。昔からよく使われているのは、下の①の表現ですが、『逆』という手話を使う②も簡単でわかりやすいので、使ってみましょう。

こちらこそ①

私

人さし指で自分をさす。

よい

鼻の前で手を握り、前に出す。

お願い

顔の前に手のひらを立て、前にたおす。

こちらこそ②

逆

両手をすぼめて、前後に構える。

左右の手の位置を入れ替える。
反対

動画も見られます ▼ 14〜17ページの動画

「聴覚障がい」の主な分け方

生まれつき耳が聞こえない人、病気やケガなどで後天的に聞こえなくなった人、
また、まったく聞こえない人、聞こえがよくない人と、聴覚障がいはひとつではありません。

ろう者

生まれつき耳が聞こえなかったり、音声言語を身につける前に聴覚を失った人。昔は話せない人も多く、「ろうあ者」と呼ばれることもありました。最近は早期訓練や教育が普及し、発話できる人が増えています。

中途失聴者

病気や外傷などによって、後天的に聴覚を失った人。音声言語を身につけてから聴覚を失っているため、発語は健聴者と変わらないことが多く、耳が聞こえないことにまわりが気づかないケースも見られます。

難聴者

音が聞こえにくい人。病気や外傷、加齢などによって聴覚が損傷を受けた場合が多い。補聴器などを使用すれば比較的聞こえる伝音性難聴と、補聴器を使っても聞きとりにくい感音性難聴、両方をあわせもつ混合性難聴があります。

※「ろう者」「聴者」の手話はP.30。

中途失聴者

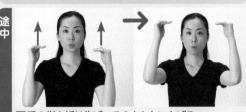

途中

両手の指を折り曲げ、そのまま上に上げる。

失聴

両手のひらで耳にフタをする。

ろう

人々

両手の親指と小指を伸ばし、手首を振りながら外側へ動かす。

聴覚障がいがある人とのコミュニケーション方法

同じ聴覚障がい者でも、生まれつきか途中からか、また年齢や教育歴などによっても、得意とするコミュニケーション手段が異なります。相手に合わせた方法を選びましょう。

筆談

文字を書いて意思を伝え合う方法。正確に情報が伝えられますが、十分な言語教育が受けられなかった高齢のろう者などの中には、筆談があまり得意でない人もいます。

要約筆記

聞きとった話の要点を健聴者が文字にして、聴覚障がい者に伝える方法。ノートやボードに手書きする方法や、講演会などでは講演者の話を要約筆記者がパソコンに打ち込んで、スクリーンに示す方法なども。

手話

手の動きと顔の表情で意思を伝える、目で見る言語のこと。ろう者の第一言語は手話ですが、中途失聴者の中には得意でない人もいて、文字情報のほうに多く頼ることも。

読話（読唇）

相手のくちびるの動きから、内容を読みとる方法。日本語にはくちびるが同じ動きでも違う言葉が多くむずかしいため、手話とあわせて活用されることが主になっています。

情報機器

スマホ、パソコン、ファクスなども、聴覚障がい者とのコミュニケーションの大きな助けに。LINEやフェイスブックなどを便利に使っている人もいます。

電話リレーサービス（P.50）、音声認識サービス（P.64）なども

よく使う手話11
おはよう

朝

手を握って、こめかみにあてる。
★手をこめかみにあてることで枕と頭の様子を示し、『寝る』という単語を表す。

手を下ろす。
★手を下ろすと「目が覚める」を表し、上の動作と合わせ『朝』という単語になる。

あいさつ

両手の人さし指を伸ばして向かい合わせ、

指先を同時に曲げる。
★人が向かい合っておじぎをしている様子。

よく使う手話12
こんにちは

昼

人さし指と中指をそろえて伸ばし、顔の中央に立てる。

正午

あいさつ

両手の人さし指を伸ばして向かい合わせ、

指先を同時に曲げる。

午前・正午・午後

顔を時計の文字盤に見立て、2本の指は時計の長針と短針を表現します。顔の中央に指を立てると「正午」、甲側にたおすと「午前」、手のひら側にたおすと「午後」を示します。

午前

正午

午後

動画も見られます▼ 18〜21ページの動画

こんばんは

夜

肩の横で両手のひらを相手側に向け、

両手を交差させる。
★両手で視線をふさぐような動作で、暗くなって見えなくなる様子を表す。

暗い

おやすみなさい

寝る

顔の横で両手のひらを合わせる。

顔を傾けて手の甲につけ、目をつぶる。

睡眠

あいさつ

両手の人さし指を伸ばして向かい合わせ、

指先を同時に曲げる。

さようなら

さようなら

開いた手を、顔の横で左右に振る。

いってらっしゃい

よく使う手話 **50**

基本のあいさつ

よく使う手話 **16**
はじめまして

初めて

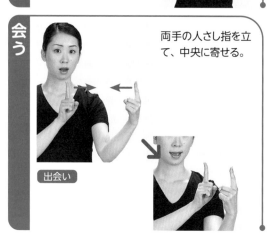

人さし指を伸ばして、中指と薬指、小指の指先を反対の手の甲につけ、上げる。
★たくさんある中から、ひとつだけつまみ上げるニュアンス。

最初
まず

会う

両手の人さし指を立て、中央に寄せる。

出会い

よく使う手話 **17**
また会いましょう

また

手を握って、ななめ下に振り下ろしながら、

人さし指と中指を伸ばす。
再び

会う

両手の人さし指を立て、中央に寄せる。

『また』+『明日』、『また』+『来週』など応用できます

「また、会いましょう」の『会う』の代わりに、『明日』という手話を使えば「また、明日!」、『来週』という手話を使えば「また、来週!」というふうに応用できます。

明日	来週

人さし指を伸ばし、顔の横あたりから前に振り出す。	親指、人さし指、中指を伸ばし、手の甲を相手側に向けて、顔の横あたりから弧を描くように前に出す。

※日時の単語はP.149も参照。

よく使う手話 18
お疲れさま

お疲れさま

手を握って、反対の手首を軽く2回たたく。

よく使う手話 19
お気をつけて

気をつける

両手を開いて上下に構え、

体に引きつけて力強く握る。

よく使う手話 20
がんばって

がんばる

両手を握って、胸の前あたりで2回上下させる。

元気

お願い

顔の前に手のひらを立て、前にたおす。

『お願い』の手話は便利に使える

『お願い』は多用される手話です。いっしょに使う言葉によってニュアンスは変わってきますが、「(〜して)ください」と相手にお願いするときに主に使われます。

<例>
迷惑 + お願い
　→すみません (P.16、54、72)
降りる + お願い
　→降りてください (P.79)
これ + お願い
　→これをください (P.107)
待つ + 迷惑 + お願い
　→お待たせいたしました (P.124)
書く + お願い
　→記入してください (P.126)

よく使う手話 21
元気です

元気

両手を握って、胸の前あたりで2回上下させる。
[がんばる]

よく使う手話 22
忙しいです

忙しい

両手のひらを下に向け、指を軽く曲げて、水平に互い違いに回す。

よく使う手話 23
まあまあです

まあまあ

親指と人さし指の指先をつけて、

鼻の前あたりで2回横に振る。

よく使う手話 24
疲れています

疲れる

両手を胸のあたりにつけ、

振り下ろす。
★体の力が抜けるような様子。

否定の表し方

手話で否定を示す場合、『元気』+『ない』というように、否定語は打ち消す言葉の後ろにきます。名詞や動詞、形容詞などを覚え、『ない』という否定語をつけると逆の意味になり、表現範囲も広がります。
『ない』だけでなく、『違う』『まだ』『無理』なども否定語として使います。

元気ではありません

元気	ない

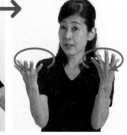

両手を握って、胸の前あたりで2回上下させる。

両手のひらを相手側に向け、手首を返す。

＜その他の否定文の例＞

[今日] + [休日] + [違う]
→今日は休日ではありません。（述語が名詞の場合）

[見る] + [ない] →見ない（否定の意思）
[見る] + [まだ] →見ていない（未完了）
[見る] + [無理] →見られない（不可能）

痛い

手のひらを上に向けて、軽く指を曲げ、左右に揺らす。

うれしい

両手の甲を相手側に向け、交互に上下させる。
★「胸が躍る」ことを表現。

楽しい
喜ぶ

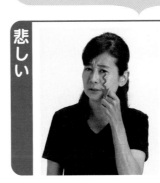

悲しい

親指と人さし指で涙の形をつくり、目元から揺らしながら下ろす。

涙

よく使う手話50

感情や状態

そのほかの感情語

すばらしい

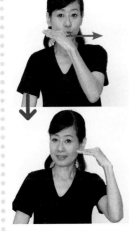

鼻の下あたりで指をそろえ、利き手側に引く。

うらやましい

人さし指をくちびるの端にあて、下に下ろす。

腹が立つ

両手の指先をすぼめておなかにあて、上に上げる。

さびしい

手のひらを相手側に向け、指を閉じながら反対側に動かす。

23

よく使う手話 **28**
よい

よい

鼻の前で手を握り、前に出す。
★よいことがあって鼻が高い様子。

善

よく使う手話 **29**
悪い

悪い

人さし指を顔の前に立て、横にたおす。
★高かった鼻がポキッと折れる様子。

よく使う手話 **30**
好き

好き

のどの前で親指と人さし指を開き、
指を閉じながら前に出す。★好きなも
のを飲み込む（のどが閉じる）様子。

したい
ほしい

よく使う手話 **31**
嫌い

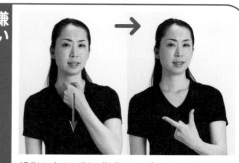

嫌い

親指と人さし指の指先をのどにあて、指を開き
ながら下に下ろす。
★嫌いなものを吐き出す（のどが開く）様子。

よく使う手話 **32**
簡単

簡単

人さし指をあごにあて、

反対の手のひらにつける。

単純
易しい

よく使う手話 **33**
むずかしい

むずかしい

親指と人さし指を、
ほおをつねるように
回す。

困難
無理
できない

よく使う手話 34 早い

人さし指と親指を伸ばしながら、反対側にすばやく動かす。

速い　急ぐ　急行

よく使う手話 36 おいしい

手のひらをほおに2〜3回あてる。
★ほおが落ちそうなくらいおいしいという表現（比較的上品な表現）。

よく使う手話 35 遅い

両手の親指と人さし指を開き、利き手側へ弧を描くように動かす。

ゆっくり　遅れる

おいしい②

手を握って、反対側のあごにあて、

あごをなでるように動かす。
★よだれをぬぐう様子。「うまい」というニュアンス（比較的大胆な表現）。

過去の表し方

「おいしかった」のように過去に経験したことを表す場合、『おいしい』+『でした』と、『でした』を加えて表現できます。また、動詞の場合は、『終わる』『ました』という単語を後ろに加え、過去の出来事を表すことができます。『終わる』をつけた場合は、「完了したこと」を強調する過去完了のニュアンスが強まります。

食べました

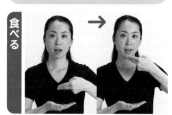

利き手とは反対の手をすぼめて上に向け、利き手の人さし指と中指を伸ばし、食べる動作をする。
食事　食べ物

両手のひらを相手側に向け、前方にたおす。

食べ終わりました

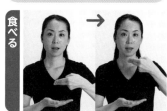
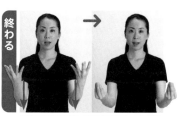

（左と同じ）

両手の指を開いて上に向け、すぼめながら下げる。

おいしかった

手のひらをほおに2〜3回あてる。

指を開いて上に向け、すぼめながら下げる。

これらの『終わる』『でした』は同じ手話ですが、直前の言葉を片手で行う場合は『終わる』も片手で、直前の言葉を両手で行う場合は『終わる』も両手で表現するため、このような違いが出ています。

よく使う手話37
何？

何

人さし指を左右に2～3回振る。

よく使う手話40
だれ？

だれ

手を握って、ほおに2回あてる。

よく使う手話38
いつ？

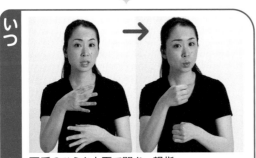

いつ

両手のひらを上下で開き、親指から順番に両手の指を折っていく。

よく使う手話41
なぜ？

なぜ

人さし指を下向きに伸ばし、

下向きにした反対の手の下にくぐらせ、指先を相手側に出す。

よく使う手話39
どこ？

場所

指先を下に向けてすぼめ、そのまま下ろす。

何

人さし指を左右に2～3回振る。

疑問詞は最後につける

「いつ？」「どこで？」「だれ？」「なぜ？」「何？」などの疑問文を手話で表現する場合、疑問詞を文章の最後につけ、問いかけるような表情をします。さらにそのあとに「～ですか？」をつけることもあります。

あなたのお名前は？

あなた → **名前** → **何？**

人さし指で相手をさす。

親指の先を、反対の手のひらの中央にあてる。

人さし指を左右に2～3回振る。

※これらの手話は動画には収録されていません。

よく使う手話42
〜したい

したい

のどの前で親指と人さし指を開く。

指を閉じながら前に出す。

★好きなものを飲み込む（のどが閉じる）様子。

★「〜したい」（願望）の表現は、P.56参照。

好き

ほしい

よく使う手話44
〜ですか？

ですか

顔の横で手の甲を相手側に向け、

たおしながら前に出す。

よく使う手話43
〜ですね

ですね

両手の親指と人さし指を開き、指先をつける・離すを2回くり返す。

「〜ですか？」は手話でなく、表情で伝えることもできる

　上の「〜ですか？」と尋ねる手話を覚えれば、これを応用していろいろな質問ができるようになります。まずはこれを押さえ、手話に慣れたら「〜ですか？」を使わず、表情で質問を伝える方法も習得すると会話がスムーズになります。

　これは、下の写真の例でいうと、手話では『元気』を示しながら、相手に尋ねる表情をして、総合的に「元気（ですか）？」と伝える方法です。表情がカギになるので、まずは手話に慣れてから試してみるのがおすすめです。

お元気ですか？

よく使う手話45 メールするね

メール

指文字の『め』をつくり、前に出す。
★ひらがなの指文字はP137。手を自分のほうに引き寄せると、「メールしてね」という意味に。
★「LINE」はP.161参照。

よく使う手話47 危ない!

危ない

両手を胸の前で上下にしてすぼめ、体に引き寄せる。
★同じ手話で表情によって「危ない」「心配」とニュアンスが変わる（P.91参照）。

心配

よく使う手話46 やめて!

やめる

指をそろえて立てた手を前にたおし、反対の手のひらに下ろす。

とまる
着く

よく使う手話48 いっしょに

いっしょ

両手の人さし指を相手側に向けて伸ばし、中央で合わせる。

同じ手話でも、表情でニュアンスが変わる

手話は同じでも、表情でニュアンスや意味が変わってきます。手話では表情も大切なので、手に合わせて、顔でもしっかりニュアンスを表現しましょう（P.9、27も参照）。

よく使う手話49 待つ

通常の動詞

親指を除く4本の指を曲げ、あごの下にあてる。
★「首を長くして待つ」様子を表す。

お願い

「お願い！」という表情に。

質問

問いかける表情に。

よく使う手話50 まだ?

質問

指先を反対の手のひらに向け、上下に2回軽く振る。
★利き手とは反対の手は終点を、利き手はまだ達成されていない状態を表す。

非難

怒りぎみの表情に。

恐縮

「ごめんなさい」という表情に。

動画も見られます ▼

28ページの動画

29ページの動画

ホント?

本当

手のひらを立て、あごを2回たたく。

そうそう!

ですね

両手の親指と人さし指を開き、指先をつける・離すを2回くり返す。

へー

へー

手のひらを額の前からあごの下まで動かす。

なるほど!

なるほど

人さし指と親指を伸ばし、人さし指を横に2回たおす。親指はあごにあて、

もちろん

もちろん

両手の親指と人さし指を正面向きに開き、左右に離す。

最悪!

最低

指先をそろえ、上に向けた反対の手のひらに下ろす。

悪い

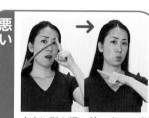

人さし指を顔の前に立て、横にたおす。

よかったね

よい

善

鼻の前で手を握り、前に出す。

ですね

両手の親指と人さし指を開き、指先をつける・離すを2回くり返す。

すごいね

すごい

指を軽く曲げて手のひらを相手側に向け、手首をひねりながら前に出す。

残念だったね

残念

手を握って、反対の手のひらをたたく。

ですね

左と同じ。

29

あなたは手話ができますか?

あなた

人さし指で相手をさす。

手話

両手の人さし指を伸ばして上下に構え、半回転ずらして互い違いにぐるぐる回す。

できる

親指を除く4本の指先を、反対側の胸につけ、横に動かす。

大丈夫
可能

ですか

顔の横で手の甲を相手側に向け、たおしながら前に出す。

はい、私は少し手話ができます

はい

親指と人さし指を開き、指を閉じる。

同じ

私

人さし指で自分をさす。

少し

親指と人さし指を伸ばし、指先の間隔を少し空ける。

手話

両手の人さし指を伸ばして上下に構え、半回転ずらして互い違いにぐるぐる回す。

できる

親指を除く4本の指先を、反対側の胸につけ、横に動かす。

動画も見られます ▼ 30〜33ページの動画

ろう者

ろう

人々

手のひらで耳にフタをする。

両手の親指と小指を伸ばし、手首を振りながら外側へ動かす。

聴者

聞こえる

人々

人さし指は耳に当てて外側へ、反対の人さし指は口にあてて前へ、それぞれ動かす。

両手の親指と小指を伸ばし、手首を振りながら外側へ動かす。

私は手話を勉強しています

私		人さし指で自分をさす。
手話		両手の人さし指を伸ばして上下に構え、半回転ずらして互い違いにぐるぐる回す。
勉強		両手のひらを自分側に向け、前後に軽く動かす。 ★本を読んで勉強している様子。 学校
中		伸ばした人さし指に、反対の手の親指と人さし指をコの字に曲げて組み合わせ、『中』の字をつくる。

私の手話はわかりますか？

私		人さし指で自分をさす。
手話		両手の人さし指を伸ばして上下に構え、半回転ずらして互い違いにぐるぐる回す。
わかる		手のひらを胸にあてて下ろす。★手を下ろす代わりに、胸の中央を軽くたたいてもよい。 知る 了解
ですか		顔の横で手の甲を相手側に向け、たおしながら前に出す。

手話独特の『〜中』の使い方

「〜している最中」というだけでなく、その状態が続いているときも含め、『〜中』という手話を使って表現します。

歯が痛いです			
歯 	痛い 	中 
人さし指で歯をさす。	手のひらを上に向けて、軽く指を曲げ、左右に揺らす。	上の『中』の手話。

31

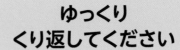

わからなかったので、もう一度お願いします

ゆっくりくり返してください

わからない

肩の前で手を軽くすぼめ、払うように2回振る。

知らない

ゆっくり

両手の親指と人さし指を開いて伸ばし、利き手側へ弧を描くように動かす。

遅い
遅れる

ので

両手の親指と人さし指で輪をつくってつなぎ、前に向けながら下げる。

だから

くり返す

手のひらを正面に向け、指先を軽く曲げ、

回しながら下ろす。

もう一度

両手を握って横向きにつけ、

そのまま起こす。

戻る
立ち直る
復帰

お願い

顔の前に手のひらを立て、前にたおす。

お願い

顔の前に手のひらを立て、前にたおす。

手話では どう表現しますか?

手話

両手の人さし指を伸ばして上下に構え、半回転ずらして互い違いにぐるぐる回す。

表現

人さし指を、正面に向けた反対の手のひらにあて、そのままいっしょに前に出す。
表示

何

人さし指を伸ばし、

左右に2〜3回振る。

筆談でもいいですか?

筆談

人さし指を反対の手のひらにあて、いっしょに前後に動かす。

かまわない

小指を伸ばし、2回あごにつける。
★問いかける表情で。

紙

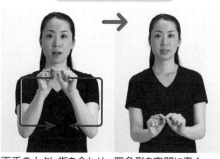

両手の人さし指を合わせ、四角形を空間に書く。
用紙 書類

ペン

手でペンを持っているような形をつくり、文字を書く動作をする。

33

聴導犬 <small>ちょうどうけん</small>

〈お話〉
公益社団法人日本聴導犬推進協会
水越みゆきさん

1 スマホやインターフォンなど必要な音が鳴ると、聴導犬が教えてくれる。
2 オレンジ色のケープが聴導犬の目印。試験に合格した証（身体障害者補助犬法で定められた証）が表示されている。
3 屋外では、背後から近づく自転車や車の音などを知らせる。

耳が不自由な人に必要な音情報を知らせる

　聴導犬の仕事は、来客のチャイム、スマホのメール受信音、後方から近づく車や自転車の走行音など、日常生活の中で必要な音の情報を聴覚障がい者（ユーザー）に伝えることです。

　聴導犬の多くは保護犬で、たとえば日本聴導犬推進協会の場合、公的な施設・団体から子犬を譲り受けることがよくあります。また、盲導犬のトレーニングを受けたけれど、向いていなかった犬たちが聴導犬になる場合もあります。

　ユーザーのそばに常にいて生活をサポートするので、人といっしょに過ごすのが好きで、仕事をこなすことを楽しめる犬を選んで、訓練します。

目印になって周囲の人たちが助けてくれる

　聴導犬を利用すると、暮らしが安全・便利になるだけでなく、聴覚障がい者であることをすぐに認識してもらえるというメリットもあります。たとえば聴導犬といっしょに買い物に行けば店員が商品の価格を電卓に打ち込んで見せてくれる、外出先で電車などの遅れがあったとき、「電車が遅れるそうです」とメモをくれるなど、聴導犬が目印になってまわりの人たちが助けてくれるといったケースがあります。

　「聴導犬といっしょに歩いていたら、犬がふと何かを見つめていた。その視線の先には小鳥がいたのを見て初めて、犬は小鳥の鳴き声に反応したことに気づいた。世の中には自分の知らない音があふれているのだなと改めて思った」。そんな感想を寄せてくれるユーザーもいます。聴導犬との生活は、利便性以外にも、いろいろな気づきを与えてくれるのだと思います。

Q　どんな訓練をするのですか？

A　人からごはんをもらう、決めた場所でトイレをする、おすわりの指示に従うなど、ペットとして飼われる犬と同様、最初は人間と生活するうえでのマナーを学びます。その後、必要な音に反応する訓練を屋内・屋外などいろいろな環境下で行い、ユーザーが決まったら、その生活圏で必要な音をユーザーに伝える練習をします。そして試験に合格すると聴導犬としての生活が始まります。

Q　犬にとって、訓練は大変では？

A　もともと聴導犬に向いた性格の犬を選び、聴導犬となったときに自発的に行動できるよう、「音を人間に伝えるとうれしいこと（ごほうびをもらえる、ほめられるなど）がある」ということを、くり返し経験させます。そのため、犬にとって訓練は楽しい遊びのひとつなのです。

Q　聴導犬にとってうれしいことは？

A　大好きなユーザーの役に立ち、ほめられることは犬の大きな喜びです。また犬は飼い主といっしょにいたい性質があります。ユーザーといつも行動をともにし、24時間いっしょにいられるのは聴導犬の特権ではないでしょうか。

2章

新しい
生活様式の
手話

コロナ禍による手話・聴覚障がい者への影響

新型コロナウイルス感染症の流行により、新しい生活様式が推奨されるようになりました。
たとえば、人と対面するときはマスクを着用する、テレワークの導入、外出の自粛など。
こうした変化により、手話に関することや、聴覚障がい者の生活にも大きな影響がありました。
困ったこともある一方で、コロナ禍を機に新しいものが生み出されたりといった変化も見られます。

オンライン教室がメインに

コロナ禍で、大学での手話の授業、手話教室やサークル活動も対面からオンラインが主流になりました。オンラインでのコミュニケーションには「質問や発言がしやすい」「遠方の人も参加しやすい」といったメリットがあります。コロナ禍をきっかけに、子どもや孫に使い方を教わってZoomなどを使いこなせるようになり、手話教室に楽しく参加している高齢者もいます。一方で、スマホやパソコンの操作が苦手な人がどう参加するかが課題になっています。

マスクで表情や口元が見えない

手話によるコミュニケーションでは、手だけでなく、表情や口の動きも大切な情報源です（P.9参照）。でも、「対面ではマスクを着用する」という新しい生活様式では、相手の表情や口の動きがマスクに隠れて見えません。そのため、手の動きはわかっても、それが質問なのか通常の会話なのかわからず、また、どういう感情が込められているのかといったニュアンスも伝わりにくくなります。

オンラインで手話を見やすく

オンラインミーティングのソフトでは、もともとの設定で、発言者が画面に大きく映るようになっていることがあります（スピーカービュー）。話している人と手話をしている人が違い、手話が見づらい場合、手話をしている人が画面に大きく映る設定に変えましょう。特定の人を固定で大きく映す「スポットライト」や「ピン留め」などの機能が便利です。また、Zoomのレコーディング機能を使えばワンタッチで録画できるので、あとでおさらいもラクです。

聴覚障がい者をサポートするものが登場

コロナ禍をきっかけに、聴覚障がい者の声も踏まえて透明マスクが誕生しました（右ページ参照）。機を同じくして、聴覚障がい者が電話を使ってコミュニケーションがとれる「電話リレーサービス」（P.50参照）も登場。聴覚障がい者向けの音声認識サービス（P.64参照）も開発が進んでいます。また、首相や知事などの会見で手話通訳者（P.82参照）を見るのも当たり前になってきました。

聴覚障がい者を取り巻く環境も、日々変化しています。

透明マスク

〈お話〉
ユニ・チャーム株式会社
杉本あゆみさん
小野 宏さん

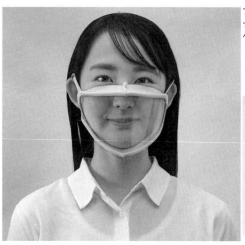

フィルム部分が広く、口角までしっかりと見える。フィルムは口にへばりつかず話しやすい。

布部は顔にフィットし、飛沫を出さない、吸い込まない仕様に。

unicharm顔が見えマスク
1480円（税込）
ワンサイズ。手洗いしてくり返し使える。

1本のメールから生まれた『顔が見えマスク』

杉本さん、小野さんは耳が聞こえず、ご自身の体験が『顔が見えマスク』の開発に結びつきました。

「相手がマスクをしていると、私たちは口の動きや表情を読みとれず、スムーズにコミュニケーションがとれません。私は従来品と透明フィルムで透明マスクを自作してまわりの人に使ってもらっていましたが、手作りすることに限界を感じていました。

弊社では、社員の誕生日に社長がメールでメッセージを送るという慣習があり、そのころちょうど私も誕生日が来ました。社長のメールへ、日ごろの悩みを自作の透明マスクの写真とともに思いきって返信したところ、『どんなマスクがいいの？』と質問が返ってきて、それをきっかけに8カ月での発売となりました。開発には3年ほどかかるのが通常ですが、必要な方に早く届くよ

手話学習について

杉本さん、小野さんは、口の動きで相手の言っていることを読みとるコミュニケーション方法を主にとります。

「私はろう者の後輩が入社したことで手話を学び始めました。指文字やあいさつなどを覚えるのはワクワクしました。手話以外にも、障がいやバリアフリーのことなど、たくさんのことを知っていきたいと思っています」（杉本さん）

「私も手話を学び直したいと思っています。暮らしやすい社会のため、働きやすい会社のため、みなさんにも手話をどんどん学んでいっていただきたいです」（小野さん）

う、スピーディーな発売を目指したとのことでした」（杉本さん）

「透明マスクは聞こえない人がつけるのではなく、まわりの人が使ってくれることが必要です。私は上司や同僚が『顔が見えマスク』をつけてくれることで、会議や打ち合わせのときも安心できるようになりました。開発担当者はろうあ協会に通って意見を聞き、それらも反映して商品をブラッシュアップしていったと聞き、感激しました」（小野さん）

互いの顔が見えることの重要性を改めて認識

『顔が見えマスク』は1枚1枚手縫いのため量産がむずかしく、現在はユニ・チャームの公式オンラインショップでの予約販売のみ。初回発売は7時間で3000枚が完売する人気の高さを示し、現在7回目の販売に至っています。

「実際に使っている聴覚障がいのある知人からは、『まとめ買いして会社の人に配りたい』といった感想をもらいました。また、聴覚障がい者と接することの多い補聴器の販売員の方などからも好評で、みなさんが求めていたものが届けられたのだとうれしく思います。

意外だったのは、保育園の先生、教師、劇団員など、人前に立って表情を見せる職業の方のニーズです。耳が聞こえる、聞こえないにかかわらず、コミュニケーションではお互いの表情が見えることが大事なのだと改めて感じました」（杉本さん）

マスクは必要ですか？

マスク

両手の親指と人さし指をコの字形にし、左右に
引いて、

指先をつける。
★マスクの形を表現。

必要

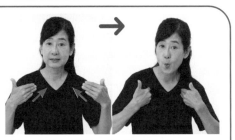

両手の指先をすぼめ、体に引き寄せる。
★問いかける表情で。 かかる 用事

必要です

必要

両手の指先をすぼ
め、体に引き寄せ
る。

不要です

不要

両手の親指以外の指先を肩に向け、前に払う。
かからない いらない

新型コロナウイルス

新しい

両手の指を上向きにすぼめ、開きながら前に
出す。

コロナ

利き手とは反対の手で指文字の『C』をつく
り、その後ろで利き手の指を伸ばし、弧を
描くように動かす。★太陽のコロナの炎を
表現。アルファベットの指文字はP.138。

ウイルス

利き手とは反対の手を筒状に握り、その
下で利き手の人さし指と中指を伸ばし、
円を描く。★顕微鏡をのぞいて、下でウイ
ルスがうごめく様子。

ウィズコロナ

いっしょ

両手の人さし
指を相手側に
向けて伸ば
し、中央で合
わせる。

コロナ

『コロナ』の手話。

アフターコロナ

コロナ

『コロナ』の手話。

終わる

両手の指を開いて上
に向け、すぼめなが
ら下げる。

あと

手のひらを相手側に
向けて立て、少し前
に出す。

動画も見られます▼

ワクチン接種はしましたか？

あなた

人さし指で相手をさす。

ワクチン

指文字の『わ』をつくり、反対の手のひらにつけて小さく回す。
★『わ』と『薬』を合わせた手話。ひらがなの指文字はP.136。

接種

親指、人さし指、中指を上向きに伸ばし、指先をすぼめながら反対の腕にあてる。
★注射をする様子。

終わる

両手の指を開いて上に向け、指をすぼめながら下げる。★問いかける表情で。 した　でした

1回受けました

接種

親指、人さし指、中指を上向きに伸ばし、指先をすぼめながら反対の腕にあてる。

1回

指文字の『1』をつくる。

★「2回」の場合は、指文字『2』をつくる。それ以上の回数も同様。数字の指文字はP.140。

終わる

両手の指を開いて上に向け、指をすぼめながら下げる。

まだです

まだ

指先を反対の手のひらに向け、上下に軽く2回振る。
★利き手とは反対の手は終点を、利き手はまだ達成されていない状態を表現。

接種証明書（接種済証）

接種　**証明**

指をすぼめ、反対の手のひらの上に乗せる。
★はんこ（公印）を押す様子。
証拠
免許（証）

『接種』の手話。

書類

両手の人さし指を合わせ、四角形を空間に書く。
紙
用紙

まわりに感染した人はいましたか？

あなた

人さし指で相手をさす。

まわり

利き手とは反対の手を握り、そのまわりで利き手のひらを1周させる。

感染する
両手をすぼめて指先を前に向け、手首を返して胸につける。
うつる
★自分がうつる場合。相手にうつす場合は、逆の動きに（自分の胸元から前に向けて手首を返す）。

人々
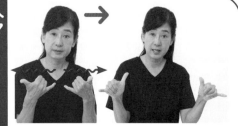
両手の親指と小指を伸ばし、手首を振りながら外側へ動かす。

いる

両手を握り、下げる。
★問いかける表情で。

いました

いる

両手を握り、下げる。

いません

いない

両手のひらを開いて向かい合わせ、交差させたあと左右に離す。

同僚が感染しました

私

人さし指で自分をさす。

会社

両手の人さし指と中指を立て、頭の横で前後に互い違いに動かす。

働く

両手のひらを上に向けて指先を向かい合わせ、寄せる・離すを2回くり返す。
仕事　職業

人（が）

親指を伸ばし、反対の手の人さし指でさす。
★男性の同僚の場合。女性の場合は小指を伸ばす。

感染する

両手をすぼめて指先を前に向け、手首を返して胸につける。

コロナ禍の間はどうしていましたか？

以前

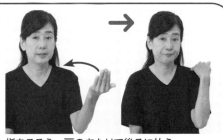

指をそろえ、肩のあたりで後ろに払う。

過去　かつて

コロナ

利き手とは反対の手で指文字の『C』をつくり、その後ろで利き手の指を伸ばし、弧を描くように動かす。

★太陽のコロナの炎を表現。アルファベットの指文字はP.138。

禍（わざわい）

両手の指をすぼめて向かい合わせ、互い違いに回す。★混ぜるような動作。混乱したカオスな状態を表す。

混乱　騒ぐ　トラブル

とき

親指と人さし指を立て、反対の手のひらに親指の先をあて、半回転させる。

場合　ならば

あなた

人さし指で相手をさす。

生活

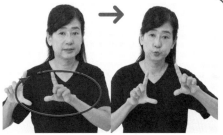

両手の親指と人さし指を伸ばして開き、同時に1回転させる。

暮らし

★太陽が昇って沈む様子を示し、そこから「（日々の）生活」を表す。

何

人さし指を伸ばし、左右に2〜3回振る。

家でじっとしていました

家

両手のひらをななめに合わせ、屋根の形をつくる。

閉じこもる

利き手とは反対の手は屋根の形のままにし、利き手の親指を立て、体に引き寄せる。

★人が家の中にいる様子。

私

人さし指で自分をさす。

41

感染しないか心配でした

自分

人さし指で自分をさし、指先を上に向ける。

感染する

うつる

両手をすぼめて指先を前に向け、手首を返して胸につける。

心配

危ない

両手を胸の前で上下にしてすぼめ、体に引き寄せる。
★同じ手話で表情によって「心配」「危ない」とニュアンスが変わる（P.28 参照）。

私

人さし指で自分をさす。

友だちに会えず、さびしかったです

友だち

両手を合わせて握り、胸の前で水平に回す。
仲よし
友情

ずっと

両手の親指と人さし指で輪をつくって組み合わせ、横に動かす。
続く

会う

両手の人さし指を立て、中央に寄せる。

できない

親指と人さし指を、ほおをつねるように回す。
むずかしい
困難　無理

さびしい

手のひらを相手側に向け、指を閉じながら反対側に動かす。

私

人さし指で自分をさす。

在宅勤務にも慣れました

家
両手のひらをななめに合わせ、屋根の形をつくる。

いる
両手を握り、下げる。

慣れる

親指を伸ばしてほおにつけ、目の下あたりから下に動かす。

パソコン
両手でキーボードを打つ動作をする。
★パソコンでの業務を想定。

私
人さし指で自分をさす。

子どもの休校で疲れました

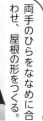

子ども
手のひらを下向きにし、おなかの前あたりで2回水平に回す。★子どもの頭をなでる動作。

学校（勉強）
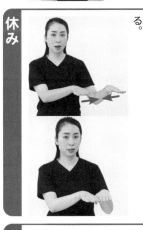
両手のひらを自分側に向け、前後に軽く動かす。★本を読んで勉強する様子。

休み
両手のひらを下に向け、左右から中央に寄せる。

休み

少し位置を変え、「休み」の動きをくり返す。
★同じ手話をくり返すことで強調し、「長い休みでずっと家にいる」ということを表現。

ずっと

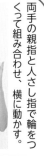
両手の親指と人さし指で輪をつくって組み合わせ、横に動かす。

家

両手のひらをななめに合わせ、屋根の形をつくる。

いる

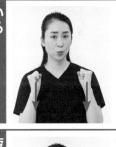
両手を握り、下げる。

疲れる

両手を胸のあたりにつけ、振り下ろす。★体の力が抜けるような様子。

私

人さし指で自分をさす。

43

コロナがおさまったら何をしたいですか？

コロナ

利き手とは反対の手で指文字の『C』をつくり、その後ろで利き手の指を伸ばし、弧を描くように動かす。
★アルファベットの指文字はP.138。

終わる

両手の指を開いて上に向け、すぼめながら下げる。
`した` `でした`

あと

手のひらを相手側に向けて立て、少し前に出す。
`未来` `将来`

あなた

人さし指で相手をさす。

したい

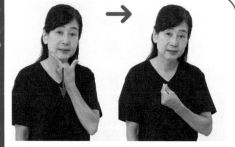

のどの前で親指と人さし指を開き、指を閉じながら前に出す。
`好き` `ほしい`

何

人さし指を左右に2〜3回振る。

マスクを外したいです

マスク

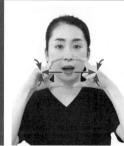

両手の親指と人さし指をコの字形にし、左右に引いて指先をつける。
★マスクの形を表現。

外す

ほおの横で指をすぼめ、ななめ下に動かす。
★マスクを外す動作。

したい

のどの前で親指と人さし指を開き、指を閉じながら前に出す。

私

人さし指で自分をさす。

帰省して
両親に会いたいです

大人数で集まりたいです

生まれる

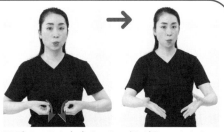

両手のひらを上向きにし、軽く握っておなかの
あたりにつけ、手を開きながら前に出す。
★おなかから生まれてくる様子。

場所

指先を下に向けてす
ぼめ、そのまま下ろ
す。
★『生まれる』+『場所』
で『故郷』という手話
になる。

帰る

親指と4本の指の間を開き、指をすぼめながら
前に出す。

両親

人さし指でほおに触れたあと、親指と小指を立て
上に動かす。★親指は「父」、小指は「母」を表す。

会う

『両親』の手話はそのままで、反対の手の人さし
指を立て、近づける。
★人さし指は自分を表し、両親に会う様子。

友だち

両手を握り、胸の
前で水平に回す。

仲よし　友情

大勢

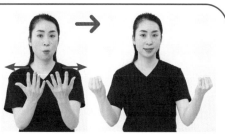

胸の前で両手の指を開き、親指、人さし指、中
指、薬指、小指と順番に折りながら、手を左右
に離す。　多い

集まる

両手の指を開き、体の横から中央に寄せる。
集合

交流

両手のひらを上に
向けて上下に構
え、

互い違いに水平に
回す。

したい　＋　私

（左ページの手話）

ライブに行きたいです

歌 口の横で人さし指と中指を伸ばし、1回転させながら左右に動かす。

ライブ 胸の前あたりで両手を握り、左右に2回動かす。★『元気（がんばる）』（P.21、22）は同じポーズで両手を上下に動かす。 `生` `生きる`

行く 人さし指を下に向け、前に出す。 `出かける`

したい のどの前で親指と人さし指を開き、指を閉じながら前に出す。 `好き` `ほしい`

私 人さし指で自分をさす。

ヨガをまた習いに行きたいです

ヨガ 両手を合わせて、上に動かす。★ヨガのポーズ。

習う 頭のあたりで、人さし指を自分に向けて2回振る。★自分が習う（教わる）場合。相手に「教える」場合は、指先を相手に向ける。 `教わる`

もう一度 両手を握って横向きにつけ、そのまま起こす。 `戻る` `立ち直る` `復帰`

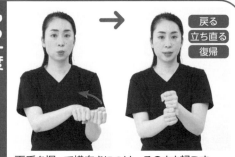

通う 小指を立て、胸元から前に出すことを2回くり返す。★女性（小指）が往復していることを表す。男性の場合は親指を立てる。

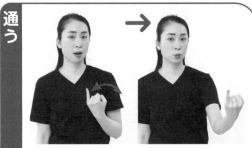

`したい` ＋ `私`
（左の手話）

日常生活が戻ってほしいです

以前

指をそろえ、肩のあたりで後ろに払う。

`過去` `かつて`

同じ

両手の親指と人さし指を開き、指を閉じる。

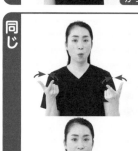

`はい`

生活

両手の親指と人さし指を伸ばして開き、同時に1回転させる。

★太陽が昇って沈む様子を示し、そこから「(日々の)生活」を表す。

`暮らし`

戻る

両手を握って横向きにつけ、そのまま起こす。

`立ち直る` `復帰` `もう一度`

`したい` ＋ `私`
（左ページの手話）

また自由に海外に行けるのが楽しみです

また

手を握って、ななめ下に振り下ろしながら、人さし指と中指を伸ばす。

`再び`

自由

両手を握り、互い違いに上下させる。

`放題`

海外

両手を丸くすぼめて向かい合わせにし、そのまま前に回す。

★地球の形を表現。

遊び

両手の人さし指を伸ばし、顔の横で互い違いに前後に動かす。★『乗り物』+『遊び』で「旅行」を表す。ここでは、右上の『行く』の利き手が飛行機の手話になっていて、それと合わせて「海外旅行」を意味する（国内旅行は一般に『汽車』+『遊び』）。

行く

親指、人さし指、小指を伸ばし、前に出す。

★『飛行機』と『行く』を組み合わせ、海外に行くことを表す。

行く

利き手はそのまま保ち、反対の手で上の手話をくり返す。

★同じ手話を繰り返すことで強調し、「いろいろな国にどんどん自由に行ける」ということを表現。

楽しい

両手の甲を相手側に向け、交互に上下させる。

`うれしい` `喜ぶ`

★「胸が躍る」ことを表現。

待つ

親指を除く4本の指を曲げ、あごの下にあてる。

★「首を長くして待つ」様子を表す。

「新しい生活様式」単語集

新しい生活様式

新しい

両手の指を上向きにすぼめ、開きながら前に出す。

生活

両手の親指と人さし指を伸ばして開き、同時に1回転させる。
★太陽が昇って沈む様子を示し、そこから「(日々の)生活」を表す。

暮らし

形

両手の親指と人さし指はそのままにし、互い違いに上下させる。

ステイホーム

家

両手のひらをななめに合わせ、屋根の形をつくる。

片手は屋根の形のままで、親指を立て、体に引き寄せる。
★人が家の中にいる様子。

密

くっつく

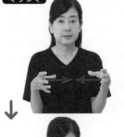

両手をすぼめて向かい合わせ、ギュッと近づける。

リモートワーク

利き手は親指と人さし指の先をつけ、反対の手は指先を下向きにすぼめる。両手をつける。

オンライン

両手で指文字の『7』を下向きにつくったあと、向かい合わせる。
★『7』の指の形でビデオカメラを表し、お互いに映し合う様子。

Zoom

指先を曲げた状態で、Zの字を空間に書く(指文字の『Z』)。
★アルファベットの指文字はP.138

自粛

両手の親指と4指の間を空けて前に向け、すぼめながら体に近づける。
★引きこもる様子。

ソーシャルディスタンス

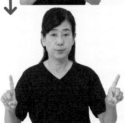

両手の人さし指を伸ばして合わせ、左右に離す。
★人と人の間が空いている様子。

利き手を離す。
★利き手は人を表し、反対の手は『場所』という手話の形。ある場所から離れる様子。

仕事

両手のひらを上に向けて指先を向かい合わせ、寄せる・離すを2回くり返す。

働く **職業**

フェイスシールド

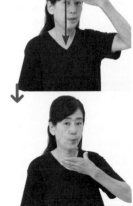

親指を除く4本の指をそろえ、顔の前から下へ動かす。

手洗いうがい

手洗い

手を洗う動作をする。

うがい

↓

うがいをする動作をする。

給付金

親指と人さし指で輪をつくり、反対の手のひらを上に向け、いっしょに前に出す。

輪を起こし、軽く振る。
★『与える』と『お金』が合わさった手話。

緊急事態宣言

緊急

↓

親指と人さし指の先をつけ、親指を立てながら前に出す。

状態

両手のひらを胸の前で互い違いに上下させる。 様子 状況

宣言

↓

人さし指を伸ばし、反対の手のひらにつけたあと、前に出す。
★『表現』（P.33）と『言う』が合わさった手話。

PCR 検査

P

利き手とは反対の人さし指を立て、利き手の人さし指で「P」の右側を書く。

C

利き手とは反対の手を「C」の形にする。

R

上の『P』と同様にし、利き手の人さし指で「R」の右側を書く。

検査

人さし指と中指の指先を目に向けて曲げ、左右に振る。 調べる 測る 検索

陽性

プラス

両手の人さし指を伸ばして「＋（プラス）」の形をつくる。

陰性

マイナス

人さし指を伸ばして横に動かし、「－（マイナス）」を表現する。

副反応

副

両手の親指を伸ばして握る。上下に重ね、入れ替える。

反応

人さし指を相手側に向け伸ばしたあと、反対の手のひらにあて、前に出す。

変異株

変異

両手のひらを前後に向かい合わせ、手首を返して半回転させる。 変化 変わる

種類

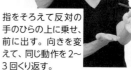

指をそろえて反対の手のひらの上に乗せ、前に出す。向きを変えて、同じ動作を2～3回くり返す。

電話リレーサービス

〈お話〉
NPO法人インフォメーション
ギャップバスター理事長
伊藤芳浩さん

https://www.infogapbuster.org/

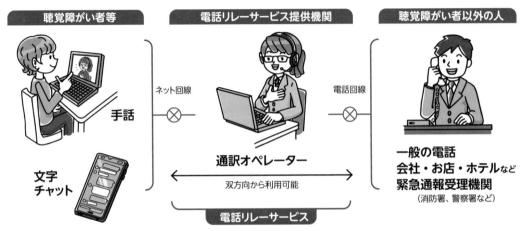

電話リレーサービスのイメージ (総務省などの資料をもとに作成)

聴覚障がい者等	電話リレーサービス提供機関	聴覚障がい者以外の人

手話

文字
チャット

ネット回線

通訳オペレーター

双方向から利用可能

電話回線

一般の電話
会社・お店・ホテルなど
緊急通報受理機関
(消防署、警察署など)

電話リレーサービス

聴覚や発話に困難のある人（聴覚障がい者等）とそれ以外の人を、
オペレーターが手話・文字⇔音声を通訳することでつなぐサービスです。

電話の便利さを知り、
ぜひ普及したいと思った

　伊藤さんは聴覚障がいのある当事者として、電話リレーサービスの国内での普及に尽力してきました。
　「以前、民間で同様のサービスはあったのですが、国が行う公的なサービスになったのは2021年7月からです。私は民間事業の段階で電話リレーサービスを使ったことがあり、離れている場所にいる聞こえる人とも、ほぼリアルタイムでやりとりできる便利さに感動し、ぜひ広めたいと思いました。

　ただ、聴覚障がい者の多くは電話を使ったことがないので、電話の便利さやメリットを理解してもらうのが大変でした。また、ネットやSNSが普及している今、電話が必要なのかという意見も多くありました。でも、私の知人が海難事故にあったこともきっかけに、早く公的なサービスにしなくてはと改めて思いました。以前のサービスは緊急電話は対象外だったので、助けを求めても必要な先につなげてもらえない場合もありました。知人の事故の際にも、オペレーターさんが特別に海保庁につないでくれなければ、命の危険もありました」

仕事面、生活面の利便性向上も

　「生命に関わるような緊急時だけでなく、電話ができないことで、聴覚障がい者はさまざまな不便や不自由をこうむっていました。仕事面では、電話が使えないことが採用や昇進に影響するケースが見られます。暮らしの中では、カードを紛失してもすぐに利用停止できなかったり、急用時にレストランの予約をキャンセルできないなど、金銭や信用に関わる内容もあります。商品の使い方がわからなくても、コールセンターに電話できないのであきらめたという声もよく聞きます。

　電話リレーサービスによって、そうした状況が改善されていくことを期待しています。電話の利便性とそれがいつでも使えるようになったことを、聴覚障がい者にも、まわりの方たちにも知っていただきたいと思います」

Q どんなふうに利用するの？

A 聴覚障がい者がサービスに登録すると、専用の電話番号が与えられます。他の人がその番号に電話をかけると、まず電話リレーサービスのオペレーターが出て、登録者に電話をかけ、会話を通訳してくれます。聴覚障がい者が名刺に電話番号を入れられるようになったのも、うれしい点です。

Q なにか機械が必要なの？

A 日本では、特別なものを準備する必要がなく、パソコンやスマホを持っていれば誰でも利用可能です。公的サービスとしては海外に出遅れましたが、今後の普及が期待されます。

3章

道案内の
手話

道に迷いました

道

両手を向かい合わせ、

前に出す。

迷う

両手のひらを上に向けて、指先を向かい合わせ、

そのまま両手をいっしょに左右に揺らす。
★どっちにしようかと心が揺れている様子。

どちらへ行きますか?

あなた

人さし指で相手をさす。

場所

指先を下に向けてすぼめ、そのまま下ろす。

何

人さし指を左右に2〜3回振る。

行く

人さし指を下に向け、前に出す。

出かける

ですか

顔の横で手の甲を相手側に向け、たおしながら前に出す。

動画も見られます
▼

薬局はどこですか?

薬

薬指の指先を反対の手のひらにつけて、小さく回す。
★薬を調合する様子。

局

利き手とは反対の手で輪をつくり、利き手の人さし指をまっすぐ下げてから跳ね上げる。
★漢字の「局」の一部を書いたもの。

場所

指先を下に向けてすぼめ、そのまま下ろす。

何

人さし指を左右に2〜3回振る。

案内します

案内

親指を伸ばし、

左右に2回動かす。

「トイレ」の手話は2パターンある

「トイレはどこですか?」と聞きたい場合、左の手話の『薬局』を『トイレ』に替えましょう。

トイレの手話は下記の2パターンあり、昔は、一般的に①は男性が使い、②は女性が使いました。今ではそのような区別はあまりされていませんが、②は「お手洗い」というニュアンスなので、食事の最中などはこちらを使うほうがよいでしょう。

トイレ①

小指、薬指、中指を立て、親指と人さし指で「C」の字をつくる。
★立てた指で「W」、曲げた2本の指で「C」を表現。

トイレ②

両手のひらを合わせて、こする。
★手を洗う様子を表現。

すみません、東寺に行く道を教えてください

迷惑
親指と人さし指で、眉間のあたりをつまむようにする。

お願い
顔の前に手のひらを立て、前にたおす。

東
両手の親指と人さし指を開いて伸ばし、同時に上げる。

寺
利き手とは反対の手の指をそろえて立て、その横で利き手の人さし指を伸ばし、

上下に2回振る。
★利き手は木魚をたたく動き、反対の手は拝む様子を示す。

行く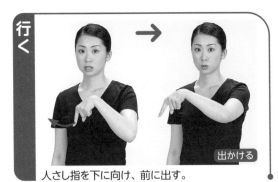
人さし指を下に向け、前に出す。 出かける

道
両手を向かい合わせ、前に出す。

教わる
頭のあたりで、人さし指を自分に向け、

2回振る。
★相手に「教える」場合は、指先を相手に向ける。
習う

お願い
顔の前に利き手のひらを立て、前にたおす。

動画も見られます▼

この道をまっすぐ行った左側にあります

この

人さし指で前方をさす。

道

両手を向かい合わせ、前に出す。

まっすぐ

指先を相手側に向け、前に出す。

左

左手を握ってひじを曲げ、左へ押し出す。

寺

利き手とは反対の手の指をそろえて立て、その横で利き手の人さし指を上下に2回振る。

ある

手のひらを立て、前に出して少し下げる。

※『左』『右』の手話は、左利きの人も右利きの人も同じ手話になります（反対の手にしない）。

右	南

右手を握ってひじを曲げ、右へ押し出す。	手を握り、肩の上あたりで2〜3回振る。★うちわであおぐ様子。
北	西

親指と人さし指、中指を伸ばした両手を交差させ、「北」の字をつくる。	両手の親指と人さし指を開いて下向きにし、同時に下げる。

夏
暑い

チケットを買いたいのですが、どこで買えますか？

チケット

両手の親指と人さし指をコの字に曲げ、四角形をつくる。

`券`
`カード`

買う

親指と人さし指で輪をつくり、反対の手のひらを上向きにする。

輪を前に出し、反対の手を手前に引く。
★お金を払い、商品をもらう様子。

`支払い`

したい

のどの前で親指と人さし指を開き、

指を閉じながら前に出す。
★好きなものを飲み込む（のどが閉じる）様子。

`好き`
`ほしい`

けれども

手のひらを相手側に向け、

手首を返す。

`でも`
`ですが`

場所

指先を下に向けてすぼめ、そのまま下ろす。

何

人さし指を左右に2〜3回振る。

動詞＋『したい』で、希望・願望を表現

「〜したい」「ほしい」という希望・願望は、動詞＋『したい（『好き』も同形）』で表現できます。

<例>
`外す` ＋ `したい` →外したい（P.44）
`会う` ＋ `したい` →会いたい（P.45）
`乗りかえ` ＋ `したい` →乗りかえたい（P.76）

私も行くところです。 ごいっしょしましょう

私

人さし指で自分をさす。

も

両手の親指と人さし指を開き、指先をつける。

同じ

行く

人さし指を下に向け、前に出す。

出かける

いっしょ

両手の人さし指を相手側に向けて伸ばし、

中央で合わせる。

行く

両手の人さし指を伸ばし、前に出す。
★「いっしょ（2人で）に行く」なので、2本の指で表します。

「～に行きませんか？」と誘うとき

「～に行きませんか？」という勧誘表現は、行き先＋『行く』＋『いかが』となります。

行きませんか？

行く

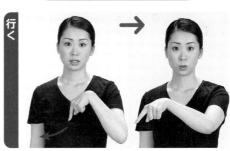

人さし指を下に向け、前に出す。

いかが

手のひらを上に向け、左右に振る。

何分ぐらいかかりますか?

時間

人さし指で、反対の手首あたりをさす。
★腕時計をさしている様子。

いくつ

手の甲を相手側に向けて指を伸ばす。

親指から1本ずつ折っていく。
★反対の手は『時間』の手話のままにしておいても伝わりやすい（P.120参照）。

必要

両手の指先をすぼめ、

体に引き寄せる。
★問いかける表情で。

かかる
用事

遠いですか?

遠い

両手の人さし指と親指で輪をつくり、指先同士をつける。

利き手を前に出す。
★問いかける表情で。

近い

両手の親指と人さし指で輪をつくり、前後に構える。

利き手を反対の手に近づける。

車で 10 分ぐらいです

車

両手でハンドルを握るような形をつくり、軽く動かす。

`運転`

10 分

指文字の『10』をつくり、手の甲を相手側に向ける。
★数字の指文字はP.140。

手首を返す。

ぐらい

指先を相手側に向けて伸ばし、左右に小さく振る。

`ころ`

「10分」は別の表現もできる

10 分

10

指文字の『10』をつくる。

分

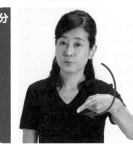

指先を伸ばしながら、手が横向きになるよう手首を返す。

★「分」は、陸上などでタイム表示をするとき、10 分 30 秒を 10′ 30″のように表記することがありますが、その「′」を書くイメージです。
同様に「秒」の場合は、「″」を表現するため、人さし指と中指で同様の動きをします。

『分』は、人さし指。

『秒』は、人さし指と中指。

※『秒』は動画には収録されていません。

5時までにお店に着かなくてはいけません

時間

人さし指で、反対の手首あたりをさす。
★腕時計をさしている様子。

5

反対の手はそのままにし、利き手で指文字の『5』をつくる。
★数字の指文字はP.140。

まで

親指を除く4本の指を横向きに、反対の手のひらは内向きにする。

利き手の指先を反対の手のひらにあてる。

最後
終点

店

両手のひらを上向きに並べ、左右に離す。

着く

指をそろえて立てた手を前にたおし、

反対の手のひらに下ろす。

とまる
やめる

必要

両手の指先をすぼめ、

体に引き寄せる。

かかる
用事

動詞／名詞＋『必要』で、「～しなくてはいけない」という表現に

動詞や名詞のあとに『必要』を続けると、「～しなくてはいけない」という意味になります。

＜例＞

行く ＋ 必要 →行かなければいけない
食べる ＋ 必要 →食べなければならない
睡眠 ＋ 必要 →睡眠をとらなくてはいけない
お金 ＋ 必要 →お金がかかる

間に合わないかもしれません

間に合わない

両手を握って胸の前で交差させ、

外側へ離す。

`できない`
`切羽詰まっている`

かもしれない

人さし指と中指をそろえて伸ばし、?マークを空間に書く(自分から見て「?」の形になるように)。

`らしい`
`そうです`

「できない」の表現について

P.81で紹介している「むずかしい(できない)」よりも、強い表現になるので、「いろいろと手を尽くしたが間に合わない」とか「間に合わずに困っている」というニュアンスになります。

「〜かもしれない」と「〜だろう」の違いは?

「〜かもしれない」は、間に合うかどうかわからないけれど、間に合うかもしれないというニュアンスが含まれる表現です。それに対して、「〜だろう」は間に合わないという予想のニュアンスが強い表現。シチュエーションに応じて、上手に使い分けてください。

〜だろう

だろう

頭の横で指を軽く曲げ、

軽く揺らしながら、ななめ上に上げる。
★頭の中で何かを描いている様子。

`想像`
`夢`
`たぶん`
`予想`

歩いて行けますか?

歩く

人さし指と中指を下向きに伸ばす。

指を交互に動かしながら、横へ移動させる。
★人が歩いている様子を表す。

できる

親指を除く4本の指先を反対側の胸につけ、

横に動かす。
★問いかける表情で。

大丈夫
可能

ちょっとわかりにくい道です

少し

親指と人さし指を伸ばし、指の間隔を少し空ける。

わかる

手のひらを胸にあてて下ろす。
★手を下ろす代わりに、胸の中央を軽くたたいてもよい。

知る
了解

むずかしい

親指と人さし指を、ほおをつねるように回す。

困難
無理
できない

道

両手を向かい合わせ、前に出す。

「~しにくい」「~しやすい」の表し方

上の表現のように『わかる』+『むずかしい』で「わかりにくい」、『食べる』+『むずかしい』で「食べにくい」など、できない／困難な状態を表現します。

逆に、できる／容易な状態の場合は、動詞に『簡単』や『スムーズ』という単語を組み合わせて表します。たとえば『わかる』+『スムーズ』は「わかりやすい」、『食べる』+『簡単』は「食べやすい」となります。

~しやすい

スムーズ

人さし指を立ててほおにあて、前に出す。
★ひげをそるカミソリがスムーズに動く様子を表現。

簡単

人さし指をあごにあて、反対の手のひらにつける。

単純　易しい

CL表現

自分の感じた様子も含めて表現する

　CL表現は、手話独特の表現です。CLというのはclassifier（クラシファイアー）という単語の略で、日本語では「類似」などと訳されます。簡単に説明すると、手話の単語を並べて表現するのではなく、**見たままの情景や感じたままの様子を手の動きで表現すること**をいいます。

　下の例文「お店を探しながら歩きました」の2つの手話を見比べてください。逐語訳的な手話では、単語を並べて『店』+『探す』+『歩く』と表現します。一方、CL表現では、『探す』という手話をあちこちに動かすことで、「あっちを見たり、こっちを見たりして探している様子」を表現しています。**ジェスチャーやパントマイムのような要素が含まれるため、見ている側はよりそのときの状況や、その物の状態を想像しやすくなります。**

　CL表現は自由度が高いので、状況に応じて自分なりのCL表現を考え、試してみましょう。

道案内の手話

お店を探しながら歩きました

	逐語訳的な手話	CL表現

逐語訳的な手話

店

両手のひらを上向きに並べ、左右に離す。

探す
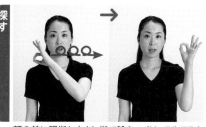
顔の前に親指と人さし指で輪をつくり、クルクルと回しながら横へ移動させる。

歩く

人さし指と中指を下向きに伸ばし、指を交互に動かしながら、横へ移動させる。

CL表現

店

両手のひらを上向きに並べ、左右に離す。

探しながら歩く

親指と人さし指で輪をつくり、左右に何度か動かす。体・視線もそれに伴って動かし、キョロキョロ探している感じを表現する。

ジェスチャーやパントマイムのような表現も含めた手話

63

音声認識サービス

〈お話〉
株式会社リコー
木下健悟さん

『Pekoe』の画面例

ここに参加者の発言が、リアルタイムで文字変換されて表示される。誤変換の修正もすぐに反映される。

※開発中の画面のため、提供される実際のサービスとは機能や見え方が異なる箇所があります。

聴覚障がい者を対象にした音声認識サービス『Pekoe』

　リコーでは現在（2021年10月）、聴覚障がい者向けの音声認識サービス『Pekoe（ペコ）』をトライアル運用中で、2022年にサービス開始予定です。

　「音声を文字化するシステムはほかにもいろいろあります。でも、聴覚障がい者にとっては使いにくい場面も。たとえば画面上で資料を開くと、文字欄が隠れてしまう設定のものがあります。『Pekoe』は文字欄が前面に出るので、その心配はいりません。また、音声認識につきものの文字の誤変換によって、発言が文字で見えても、何を言っているのかわからないことがあります。『Pekoe』は誤変換があった場合に、参加者が自分以外の発言もすぐに修正できる機能も備えています。

　聴覚障がい者には、少し聞こえる・話せる、まったく聞こえない・話せないなど、いろいろな人たちがいます。話せない人にはチャット機能が必須なので、それをとり入れるなど、聴覚障がい者ができるだけストレスなく使えるものを目指しています。そのため企画開発会議では音声を消しマイクもミュートにして、健聴者の社員に"聞こえない""話せない"世界を体験してもらったこともあります」

オンラインでのやりとりが格段にスムーズに

　『Pekoe』の開発に携わる木下さん自身にも聴覚障がいがあります。

　「コロナ禍以前は会議のとき、相手の口の動きを見て発言を読みとっていました。会議がオンライン中心になってからはカメラを切っている人もいて、口が見えずに困りました。でも、発言が文字化されるようになって、その問題がなくなりました。

　実際に利用した聴覚障がいのある社員からは『参加者が話していることがすぐにわかるので、自信を持って発言できるようになった』『前は何度も言い直してもらわないとわからなかったけど、その回数が減ってやりとりがスムーズになった』と好評です。また、健聴者からは、『自分の発言が文字として見えるので、伝わりやすいように意識して発言するようになった』などの声も。

　私自身、聞こえないことでコミュニケーションからとり残されていると感じることがありました。『Pekoe』の開発に関われたことをチャンスと思い、ひとりでも多くの聴覚障がい者が積極的にコミュニケーションをとっていけるようにしていきたいと思っています」

Q　プライベートでも使えるの?

A　オンラインセミナーや動画を見るときに使って、文字を表示するといった使い方をしている人もいます。また、遠方に住む両親とのオンラインでのやりとりがスムーズになったという体験も。

4章

交通案内の
手話

何があったのですか?

起こる

人さし指を伸ばして下に向け、反対の手のひらを下向きにする。

利き手を起こす。

何

人さし指を伸ばし、

左右に2～3回振る。

電車が事故で遅れています

電車

人さし指と中指をカギ形に曲げ、反対の人さし指と中指の腹側にあてながら、

左右に2回動かす。
★利き手が「パンタグラフ」、反対の手が「架線」を示し、「電車」を表す。

列車
～線

事故

両手の親指以外の指を向かい合わせ、左右から近づけて指先をぶつけ合わせ、跳ね上げる。
★車同士がぶつかる様子。

遅れる

両手の親指と人さし指を開き、利き手側へ弧を描くように動かす。

遅い
ゆっくり

電車がとまる

電車

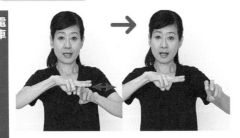

上の『電車』の手話。

とまる

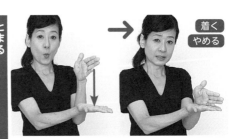

着く
やめる

指をそろえて立てた手を前にたおし、反対の手のひらに下ろす。

人身事故は、『人』+『事故』、『ケガ』+『事故』と２通りの表現法があり、どちらを使ってもかまいません。

エンジントラブルも２通りの表現があります。ストレートに『エンジン』+『トラブル』、エンジンが故障したという意味で、『エンジン』+『故障』でもかまいません。

人身事故①

人
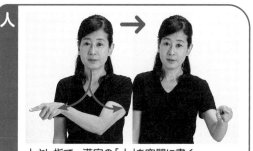
人さし指で、漢字の「人」を空間に書く。

事故

両手の親指以外の指を向かい合わせ、左右から近づけて指先をぶつけ合わせ、跳ね上げる。

エンジントラブル①

エンジン

両手とも指文字の『ろ』の形にし、向かい合わせて、上下に２回動かす。
★ひらがなの指文字はP.137。

トラブル

両手の指先を曲げ、上下でグルグルと回す。
★混ぜるような動作。混乱したカオスな状態を表す（手を合わせる向きは異なるが、P.41の『禍（わざわい）』と同じ手話）。

混乱 騒ぐ 禍

人身事故②

ケガ

両手の人さし指を、片方ずつ顔の横からななめ下へ動かす。

事故
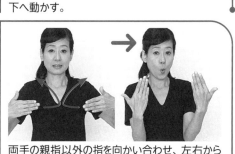
両手の親指以外の指を向かい合わせ、左右から近づけて指先をぶつけ合わせ、跳ね上げる。

エンジントラブル②

エンジン

両手とも指文字の『ろ』の形にし、向かい合わせて、上下に２回動かす。

故障

握った両手を体の前で横に並べ、手首を返しながら左右に離す。

壊す

運転再開は1時間後の見込みです

交通

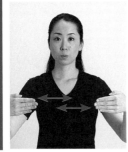

両手の指先を向かい合わせて胸の前で重なり合うように動かし、左右に離す。
★『交通』の手話で電車の「運転」「運行」を表現。

再び

手を握って、ななめ下に振り下ろしながら、

人さし指と中指を伸ばす。
また

始まる

顔の前あたりで両手のひらを相手側に向け、左右に開く。
始める　開催
オープン　開く

1時間

人さし指を伸ばし、握った反対の手の上で回す。

あと

手のひらを相手側に向けて立て、

少し前に出す。
未来
将来

見込み

利き手側の目の前で両手で円をつくり、

利き手を前に出す。
見通し

68

もし急ぐなら、バスを使ったほうがいいそうです

もし

親指と人さし指を開いて、

ほおをつまむように閉じる。
★指文字『も』と、「夢じゃないか?」とほおをつねる様子の組み合わせ。

`例えば`

急ぐ

人さし指と親指を伸ばしながら、反対側にすばやく動かす。

`速い`
`早い`
`急行`

ならば

親指と人さし指を立て、反対の手のひらに親指の先をあて、半回転させる。

`場合`
`とき`

バス

両手の親指と人さし指を伸ばして向かい合わせ、前に出す。
★車体の正面とバンパーを表現。

**よい**

鼻の前で手を握り、前に出す。
★よいことがあって鼻が高い様子。

`善`

**そうです**

顔の横で人さし指と中指をそろえて伸ばし、ジグザグに振りながら下ろす。
★P.61 の『かもしれない』(? マークを空間に書く)が単純化されたもの。

`らしい`
`かもしれない`

仮定の表現「もし」

　仮定の表現は、「もし」と「ならば」をセットで覚えておきましょう。
　ほかにも副詞や接続詞を覚えて応用することで、手話表現の幅はグンと広がります。
例)順接「~なので/~だから」→P.103 参照
　　逆接「~ですが/~けれども」→P.56、108 参照

この地下鉄は横浜にとまりますか?

この

人さし指で前をさす。

地下鉄

指先をそろえて横に向け、

下向きにした反対の手の下をくぐらせる。

横浜

人さし指と中指をほおの横に立て、

カミソリでひげを剃るように2回振る。
★日本で初めて理髪店が開かれたのが横浜だったことから。

とまる

指をそろえて立てた手を前にたおし、反対の手のひらに下ろす。★問いかける表情で。 着く やめる

代表的な都市

札幌

両手の4本の指を開いて交差させ、利き手を体に引き寄せる。★街が碁盤の目のように整っていることを表す。

仙台

額の上で親指と人さし指をつけ、指先を開きながら額を横切り、再び閉じる。
★伊達正宗のかぶとの三日月を表現。 月

名古屋

両手の人さし指の指先を曲げて、向かい合わせる。
★名古屋城のシャチホコを表現。 城

神戸

中指と薬指、小指を伸ばして、額の前を利き手側へ動かす。★楠木正成の菊水の旗印を表す。

※都道府県はP.142〜145。

はい、とまります

交通案内の手話

はい

親指と人さし指を開く。

指を閉じる。

とまる

指をそろえて立てた手を前にたおし、

反対の手のひらに下ろす。

いいえ、通過します

いいえ

親指と人さし指を開いて上に向け、

手首をくるりと半回転させる。

違う

通過

指をそろえて横に向け、

上向きにした反対の手のひらの上を通過させる。

交通案内の手話

すみません、この電車はどこ行きですか?

迷惑

親指と人さし指で、眉間のあたりをつまむようにする。

お願い

顔の前に手のひらを立て、前にたおす。

この

人さし指で前をさす。

電車

列車
〜線

人さし指と中指をカギ形に曲げ、反対の人さし指と中指の腹側にあてながら、左右に2回動かす。
★利き手が「パンタグラフ」、反対の手が「架線」を示し、「電車」を表現。

行く

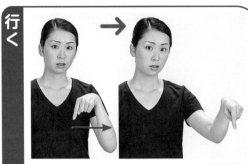

人さし指を下に向け、前に出す。 出かける

場所

指先を下に向けてすぼめ、そのまま下ろす。

何

人さし指を左右に2〜3回振る。

動画も見られます▼

72

大宮行きの電車です

大

親指と人さし指を
開き、

やや弧を描きなが
ら利き手側へ動か
す。

とても
非常に
かなり

電車

人さし指と中指を
カギ形に曲げ、反
対の人さし指と中
指の腹側にあてな
がら、

左右に2回動かす。

宮

両手の指を伸ばし
てななめに向かい
合わせ、

指を組み合わせ
る。
★お宮の屋根の形を
表現。

です

手のひらを立て、前
に出して少し下げ
る。

ある

行く

人さし指を下に向
け、前に出す。

73

どの駅まで行きますか？

何

人さし指を左右に2〜3回振る。

駅

親指と人さし指で、上向きにした反対の手のひらをはさむ。
★切符にハサミを入れる様子。

行く

人さし指を下に向け、前に出す。
出かける

ですか

顔の横で手の甲を相手側に向け、たおしながら前に出す。

京都まで新幹線で行きます

京都

両手の親指と人さし指を開いて下向きにし、同時に2回下げる。

まで

親指を除く4本の指を横向きにし、指先を反対の手のひらにあてる。
最後 終点

新幹線

顔の前で指先をすぼめ、

前に出す。
★利き手は新幹線の先頭部分を表す。

行く

人さし指を下に向け、前に出す。

電車に乗り遅れました

電車

人さし指と中指をカギ形に曲げ、反対の人さし指と中指の腹にあてながら、

左右に2回動かす。

乗る

人さし指と中指の指先を曲げ、

反対の手の人さし指と中指の上に乗せる。

座る
席

遅れる

両手の親指と人さし指を開き、利き手側へ弧を描くように動かす。

遅い
ゆっくり

車

親指とそれ以外の指でコの字をつくり、前に出す。

バス

 →

両手の親指と人さし指を伸ばして向かい合わせ、

前に出す。
★車体の正面とバンパーを表す。

飛行機

 →

親指と人さし指、小指を伸ばし、

ななめに上げる。
★飛行機が飛び立つ様子。

急行

 →

肩の前で手を握り、

急ぐ　速い
早い

親指と人さし指を伸ばしながら、反対側にすばやく動かす。

中央線に乗りかえたいのですが

中央

伸ばした人さし指に、反対の手の親指と人さし指をコの字に曲げて組み合わせ、『中』の字をつくる。

人さし指を下げる。

電車

人さし指と中指をカギ形に曲げ、反対の人さし指と中指の腹にあてながら、

左右に2回動かす。
★利き手が「パンタグラフ」、反対の手が「架線」を示し、「電車」を表現。

列車
～線

乗りかえ

人さし指と中指を伸ばし、手首を返しながら横に動かす。
★指は「人」を表し、手首を動かして「換える」を表現。

したい

のどの前で親指と人さし指を開き、

指を閉じながら前に出す。
★好きなものを飲み込む（のどが閉じる）様子。
★問いかける表情で。
★「～したい」（願望）の表現は、P.56参照。

好き
ほしい

路線名の表し方

『山手線』→『山』+指文字『て』+『電車』、『東海道線』→『東』+『海』+『道』+『電車』のように、漢字単位に分解して表すものが主流です。ただ、『京王線』を『王冠』（京王の企業マーク）+『電車』で表すように、例外もあります。

隣のホームから乗れます

 隣

手の甲を上に向けて人さし指を伸ばし、手首を返して甲を下に向ける。

次

プラットホーム

親指を開き、4本の指先をやや曲げた両手を並べ、

左右に離す。
★プラットホームの長さを表現。

乗る

人さし指と中指の指先を曲げ、

反対の手の人さし指と中指の上に乗せる。

座る
席

できる

親指を除く4本の指先を、反対側の胸につけ、

横に動かす。

大丈夫
可能

動詞／名詞＋『できる』で可能の表現

動詞や名詞のあとに『できる』と続けることで、「～することができる」という可能の表現になります。ただし、「～することができない」という不可能の表現は、『できる』の否定ではなく別の表現をするので、注意しましょう（P.81参照）。

<例>

行く ＋ できる →行ける
生活 ＋ できる →生活していける
彼 ＋ 信用 ＋ できる →彼は信用できる

市役所に行くには、どのバス停で降りたらいいですか?

市

指文字の『し』をつくる。
★ひらがなの指文字はP.136。

役所

ひじを反対の手のひらに乗せ、手を前後に2回振る。
★政治家が演壇で演説する様子を表現。『行政』という手話。

指先を下に向けてすぼめ、そのまま下ろす。
★『場所』という手話。

降りる

人さし指と中指を反対の手のひらに乗せたあと、手のひらから降ろす。
★『乗る』(右ページ)の逆の動作。

バス

両手の親指と人さし指を伸ばして向かい合わせ、前に出す。

停留所

利き手とは反対の手の指先をつけて輪をつくり、輪のつなぎ目に利き手の人さし指を下からあてる。
★バス停の標識の形。

何

人さし指を左右に2〜3回振る。

5つ目の停留所で降りてください

停留所

利き手とは反対の手の指先をつけて輪をつくり、輪のつなぎ目に利き手の人さし指を下からあてる。

降りる

人さし指と中指を、反対の手のひらに乗せ、

5

指文字の『5』をつくる。
★数字の指文字はP.140。

手のひらから降ろす。

目

人さし指で目をさす。

お願い

顔の前に手のひらを立て、前にたおす。

乗り場

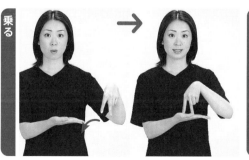

乗る

人さし指と中指を開いて伸ばし、指先を反対の手のひらの上に乗せる。★車や飛行機など座って乗るものには、P.75の『乗る』を使う。

場所

指先を下に向けてすぼめ、そのまま下ろす。

駅前でタクシーをつかまえることはできますか?

駅

親指と人さし指で、上向きにした反対の手のひらをはさむ。
★切符にハサミを入れる様子。

前

手のひらを立てて相手側に向け、

前に出す。

タクシー

手をコの字形にし、反対の手のひらは相手向きにする。
★車を呼びとめる様子。

利き手を反対の手に近づける。

乗る

人さし指と中指を伸ばし、

反対の手の人さし指と中指の上に乗せる。

座る
席

できる

親指を除く4本の指先を反対側の胸につけ、

横に動かす。
★問いかける表情で。

大丈夫
可能

できます

できる

親指を除く4本の指先を反対側の胸につけ、

横に動かす。

むずかしいです

むずかしい

親指と人さし指を、ほおをつねるように回す。

困難
無理
できない

交通案内の手話

『むずかしい』を使った否定表現

手話では、否定するときに『ない』『違う』『まだ』のような単語を動詞などに組み合わせて、表現します（P.22参照）。

ただ、不可能を表現する「〜できない」は『できる』＋『ない』ではなく、『むずかしい』という手話を使います。ですので、上の「むずかしいです」も「できません」というニュアンスです。

手話ではできるだけわかりやすい表現にするために、口語での「〜ないことはない」といった二重否定も手話では使いません。

このほか、より強い否定の表現もあります（P.61参照）。

行けない

行く	＋	むずかしい
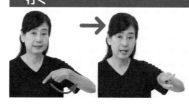	人さし指を下に向け、前に出す。	上の手話を参照

生活していけない

生活	＋	むずかしい
	両手の親指と人さし指を伸ばして開き、同時に1回転させる 暮らす	上の手話を参照

彼は信用できない

彼	＋	信用	＋	むずかしい
 利き手とは反対の親指を立て、利き手の人さし指でさす。		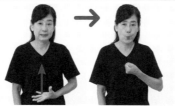 おなかの前で手のひらを上向きに開き、閉じながら胸の前まで上げる。		上の手話を参照

手話通訳者

〈お話〉
東京手話通訳等派遣センター
北田美千代さん

手話で伝える、手話を読みとる、両方のスキルが必要。

現場に応じ、センターに属する手話通訳者を派遣するコーディネート業務も担当。

聞こえない人と聞こえる人の橋渡し

　手話を使って、聞こえる人と聞こえない人とのコミュニケーションを支援する、橋渡しをするのが手話通訳者の仕事です。コロナ禍以来、テレビで報道される会見などで手話通訳者を目にする機会が増えています。しかし、会見やニュースなど目立つ場だけではなく、病院や役所など聴覚障がい者が不便を感じるさまざまなシーンで、私たち手話通訳者は仕事をしています。

手話ができるだけでは通訳は務まらない

　両親が聴覚障がい者である私にとって、手話は身近な言語でしたが、「手話ができる」だけでは手話通訳者は務まりません。日本語の堪能さ、日本語を手話にする翻訳スキル、幅広い知識など、手話通訳者にはさまざまな能力が求められます。

　また、依頼者に安心してもらう手話通訳者であることも必要です。以前、通院の手話通訳をした際、最初は無口な方と思っていたのですが、診察が終わってから「病気じゃないか心配だった」とおっしゃり、不安で口数が少なかったことがわかりました。医療現場では対象者が安心できるよう、手の動きをやさしくする、表情をおだやかにする、大丈夫という雰囲気を醸し出すといったことを、より意識するようになりました。

　手話は「視覚言語」といわれるほど美しい魅力的な言語です。私がその魅力に気づいたのは大人になってかなり経ってからです。30歳を過ぎたころ、手話サークルに入り、手話通訳者を目指すようになりました。その後、地域の登録手話通訳者や手話通訳者の資格を取得、東京手話通訳等派遣センターに登録するための試験に合格し、現在に至ります。手話の魅力を知り、学んでくださることで聴覚障がい者の社会参加が広がります。興味のある方はぜひ学んでください。

Q　手話通訳の仕事には資格が必要?

A 自治体や社会福祉法人が認定する資格を取得するのが一般的です。全国的な資格として、厚生労働大臣が認定する手話通訳士の資格があります。

Q　手話の翻訳スキルの例を教えてください

A たとえば、手話では二重否定のような表現は伝わりにくいので、「熱くないコーヒーはおいしくない」を「熱いコーヒーはおいしい」と言い換えるとわかりやすいです。

東京手話通訳等派遣センターとは

個人、企業、官公庁、各種団体への手話通訳者の派遣、都の委託事業として手話通訳者・手話指導者育成講習の開催など、幅広い活動を担う。運営は社会福祉法人東京聴覚障害者福祉事業協会で、聴覚障がい者の自立、文化的な生活の実現を目指す。

5章

いざというときの手話

アナウンスは 何と言っていますか?

放送

高い位置で手を握って、

開いたり閉じたりを2回くり返す。
★「アナウンス、放送が言う」の意味で、右下と同じ手話。

内容

人さし指を下向きに伸ばし、反対の手の内側で円を描く。

何

人さし指を伸ばし、

左右に2〜3回振る。

その場で動かないように、 とのことです

その

人さし指で下方をさす。

場所

指先を下に向けてすぼめ、そのまま下ろす。

じっとする

肩の前で両手を握る。

言う

高い位置で手を握って、

開いたり閉じたりを2回くり返す。

動画も見られます ▼

能動態と受動態

動作を行う側、受ける側を手の向きで表現

　手話では、同じ動詞でも、動作を行う対象によって表現が変わります。

　たとえば、「言う」という動詞は、自分が言う場合は相手に向かって手を開き、反対に相手に言われた（相手が言った）場合は、自分のほうに向かって手を開きます（下の写真参照）。

　このように、手話では、「だれがだれに行うか」を意識しながら表現しましょう。

いざというときの手話

（私があなたに）言う

口の前で手を握る（手のひらを相手側に）。

手を開きながら、前に出す。

（あなたに私が）言われる

顔の前で手を握る（手のひらを自分側に）。

手を開きながら、顔に近づける。

（私が）彼に言う

口の前で手を握り（手のひらを相手側に）、反対の手の親指を立てる。
★親指は「彼」を表す。

利き手を開きながら、前に出す。

（私が）彼に言われる

顔から少し離れたところで手を握り（手のひらを自分側に）、反対の手の親指を立てる。

利き手を開きながら、顔に近づける。

命令形　動詞／名詞＋『命令』で「〜しなさい」の表現

　動詞や名詞のあとに『命令』を続けると、「〜しなさい」という命令の表現になります。

　上の「能動態と受動態」でふれたように、命令も、される側が自分の場合は、頭の上から人さし指を自分に向かって下ろします。

立ちなさい

立つ
人さし指と中指を伸ばし、反対の手のひらにつける。

勉強しなさい

勉強
両手のひらを前後に軽く動かす。
学校

命令

人さし指を伸ばし、ななめ前に下ろす。
強制

85

震度5の地震が ありました

地震

両手のひらを上に向けて、前後に揺らす。

度

人さし指と中指をそろえて伸ばし、横に動かす。
★指文字の『ど』（P.138〈濁音〉参照）。

5

指文字の『5』をつくる。
★数字の指文字はP.140。

地震が起きる

両手のひらを上に向けて、大きく前後に揺らす。

震源地はどこですか?

地震

両手のひらを上に向けて、前後に揺らす。

もと（元）

両手を握り、利き手を反対の手のひじに添える。

利き手のひらを開く。

場所

指先を下に向けてすぼめ、そのまま下ろす。

何

人さし指を左右に2〜3回振る。

5章 いざというときの手話

動画も見られます ▼

86

津波が来るおそれがあるので、高台に避難してください

津波

手のひらを開いて、

下向きにした反対の手を越えるように、前方に突き出す。
★波が堤防を越える様子。

心配

両手を胸の前で上下にすぼめ、

体に引き寄せる。
★同じ手話で表情によって「心配」「危ない」とニュアンスが変わる（P.28参照）。

危ない

ので

両手の親指と人さし指で輪をつくってつなぎ、前に向けながら下げる。

だから

高い

親指を除く4本の指をカギ形に折って、上に上げる。

場所

指先を下に向けてすぼめ、そのまま下ろす。

避難

両手を握って、走るポーズをする。

お願い

顔の前に手のひらを立て、前にたおす。

いざというときの手話

どこに避難すれば いいですか?

避難

両手を握って、走るポーズをする。

場所

指先を下に向けてすぼめ、そのまま下ろす。

何

人さし指を左右に2〜3回振る。

よい

鼻の前で手を握り、前に出す。
★よいことがあって鼻が高い様子。

善

近くの避難所は 第1小学校です

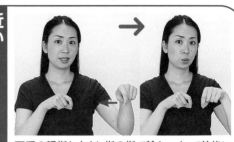

近い

両手の親指と人さし指の指で輪をつくって前後に構え、利き手を反対の手に近づける。

避難

両手を握って、走るポーズをする。

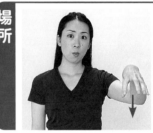

場所

指先を下に向けてすぼめ、そのまま下ろす。

第1

指文字の『1』をつくる。
★数字の指文字はP.140。

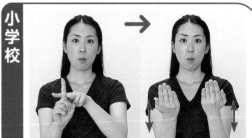

小学校

人さし指と中指で、反対の手の人さし指をはさみ、「小」の字をつくる。

本を読むときのように、両手のひらを自分側に向け、前後に軽く動かす。

動画も見られます ▼

停電になり、困りました

停電

両手の指を開いて軽く曲げ、下に向ける。

両手を閉じながら上げる。

困る

手を軽くすぼめて、こめかみにあてる。

前後に動かす。
★困って、頭を掻いているような様子。

近所で火災がありました

家

両手のひらをななめに合わせ、屋根の形をつくる。

近く

両手の親指と人さし指の指先をつけて、前後に構える。

利き手を反対の手に近づける。

火災

人さし指の指先を、くちびるに沿って横に動かす。
★『赤』という手話。下の手話だけで『火災』になるが、この手話を加えることで炎を強調できる。

利き手とは反対の手をななめに構え、利き手をゆらゆらさせながら上げる。
★ななめの手は家の屋根、利き手はメラメラと炎が立ちのぼる様子を表す。

火事

89

関西に台風がやってくるそうです

関西

利き手とは反対の手の指をそろえ、親指は離す。利き手のひらで、反対の手の人さし指から親指までなぞる。
★『近畿』という手話。利き手とは反対の手は大阪湾を、利き手は海水を表す。

両手の親指と人さし指を開いて下向きにし、同時に下げる。
★『西』という手話。『近畿』+『西』で関西を表す。

来る

人さし指を上に向け、

体に引き寄せる。

台風

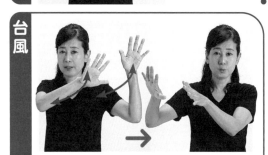

両手の指を開いて、同時にななめに2回振り下ろす。

両手の指を下向きに伸ばし、同時に下ろす。
★『雨』という手話。

そうです

顔の横で人さし指と中指をそろえて伸ばし、ジグザグに振りながら下ろす。
★P.61の『かもしれない』(? マークを空間に書く)が単純化されたもの。

らしい
かもしれない

両親が心配です

両親

人さし指でほおに触れたあと、

親指と小指を立て、上に動かす。
★家族・親戚はP.150。

が

利き手の形はそのままで、反対の手で利き手をさす。
★対象を示す指さし。

心配

両手を胸の前で上下にすぼめ、体に引き寄せる。
★同じ手話で表情によって「心配」「危ない」とニュアンスが変わる（P.28参照）。

危ない

連絡がとれません

連絡

両手の親指と人さし指をそれぞれ輪にしてつなぎ、2回前に出す。

伝える
知らせる

できない

両手を握り、胸の前で交差させる。

外側へ離す。
★「できない」の手話については、P.61を参照。

間に合わない
切羽詰まっている

気分が悪いです

気分が悪い

両手の指の背側を
つけ、

上下にこすり合わせ
る。

めまいがします

めまい

両手の人さし指を伸
ばして頭をさし、

円を描きながら、頭
を傾ける。
★目が回る様子を表現。

助けていただけますか

助けてもらう

利き手の甲を相手
側に向け、その内側
に、親指を伸ばした
反対の手を構える。

利き手のひらを反対
の手に2回あてる。
★『助ける』『手伝う』
(P.12)の受動形(P.85
参照)。

ですか

顔の横で手の甲を
相手側に向け、

たおしながら前に出
す。

5章

いざというときの手話

動画も見られます ▼ 92〜94ページの動画

救急車を呼んでください

救急車

手を軽くすぼめて立て、その手首に、コの字の形にした反対の手をあてる。

手首を返しながら、両手をいっしょに横へ移動させる。
★利き手は赤いランプ、反対の手は車を表す。

呼ぶ

顔の高さあたりで手のひらを下向きにし、

手招きするように指を折る。

お願い

顔の前に手のひらを立て、前にたおす。

家族に電話してもらえますか

家

両手のひらをななめに合わせ、屋根の形をつくる。

人々

利き手とは反対の手の形はそのまま残し、利き手の親指と小指を伸ばす。
★家の屋根の形を残して、『人々』の手話をすることで、家族を表す。

利き手の手首を振りながら、外側へ動かす。

電話

耳の横で親指と小指を伸ばし、前に出す。
★電話の受話器を持っている様子。

お願い

顔の前に手のひらを立て、前にたおす。

93

財布をなくしました

スマホが壊れました

財布

親指と人さし指で輪をつくり、反対の手の甲を相手側に向ける。

輪を反対の手の内側に差し込む。
★財布にお金を入れている様子。

スマホ

人さし指を伸ばして反対の手のひらにあて、

スライドさせるように動かす。
★スマホを操作している様子。

なくす

指を開いた両手のひらを、相手側に向ける。

両手を握りながら、交差させる。
失う

故障

握った両手を体の前で横に並べ、

手首を返しながら左右に離す。
 壊す

中

伸ばした人さし指に、反対の手の親指と人さし指をコの字に曲げて組み合わせ、『中』の字をつくる。
★「～中」の表現についてはP.31を参照。

動画も見られます ▼ 92〜94ページの動画

6章

接客・応対の手話

いらっしゃいませ①

いらっしゃい

親指を伸ばして、握った手を反対の手のひらに乗せ、

両手を体に引き寄せる。

かしこまりました

わかる

手のひらを胸にあて、

下へ下ろす。
★手を下ろす代わりに、胸の中央を軽くたたいてもよい。

知る
了解

いらっしゃいませ②

いらっしゃい

両手のひらを上に向け、

体に引き寄せる。

～でよろしいでしょうか？

かまわない

小指を伸ばし、2回あごにつける。
★問いかける表情で。

手話に「ていねい語」「謙譲語」はない

「おっしゃる」「申す」のように、口話での「ていねい語」「謙譲語」に該当する言葉は、手話にはありません。その分、表情や手の動き、ジェスチャーなどでていねいさを表すことになります。

これらの手話も、礼儀正しく、かつ、にこやかな表情で行うことが大切です。手の動きも、乱暴に動かすより、ゆっくりとわかりやすく表すことが、ていねいさにつながります。

接客手話を学ぶ人が増えています

「障害者差別解消法」（正式名称は「障害を理由とする差別の解消の推進に関する法律」）により、障がいがあることを理由に施設などの利用を断ることが禁止されるようになりました。そのため、聴覚障がいがある人へのスムーズな接客・応対もできるよう、手話を学ぶ施設職員や店員が増えました。

接客手話の基本

1
まずは
ひと言からでOK!

聴覚障がいのある人は、「たったひと言でも、相手が手話を使ってくれるとうれしい」と言います。最初は、「いらっしゃいませ」「ありがとうございました」など、簡単なあいさつだけでも。間違えてもいいので、使ってみることが上達への早道!

2
ゆっくり&はっきり
手を動かす

特に接客業の場合、「間違えたら失礼になるかも」「申し訳ない」といった気持ちや緊張感、自信のなさから、手の動きがつい小さくなりがちな手話初心者もいます。相手にわかりやすいよう、手ははっきり&ゆっくりと動かしましょう。

3
自分の仕事でよく使う
手話から

自分の職場でよく使うフレーズや単語を覚えておくと便利。たとえばお店で接客するなら、「ポイントカードはお持ちですか?」、ホテルなら「チェックイン」「チェックアウト」という単語など、まずは頻繁に使う言葉を覚えてみましょう。

接客に手話を使っている人からのアドバイス

相手が何を必要としているかを考え、押しつけにならないことが大事

伊藤 泉さん（57歳）
博物館勤務（手話の接客歴12年）

「聴覚障がいがある人たちは聞こえなくて困っている」と健聴者は思いがちです。でも聞こえないからいつも困っているわけではありません。接客では相手が何を必要としているのか、お客さまの様子をよく見て、手話での会話を押しつけないことが大事だと思います。

また手話では「できる」と「大丈夫」のように、手の形が同じで違う意味を持つものがいくつもあります。ですから手話では、はっきりと口を動かして口話（口形）もするように心がけています。

ただコロナ禍の現在は、マスク生活が当たり前。私の勤務する博物館でも、マスクにフェイスシールド、二重に手袋をするというスタイルで、ほとんど手話を使えない時期が続きました。でも生活や環境の変化があっても、手話の勉強は続けてほしいと思います。聴覚障がいのある方たちにとって、手話というコミュニケーション手段はいつどんなときでも、何があっても必要なものですから。

「あなたにお会いできてうれしい」の気持ちを込めれば、必ず通じます

T・Nさん（60代）
ハンズプレイスカフェ主宰（手話の接客歴3年）

地域の中で、聞こえない人たちと聞こえる人たちが手話やタブレットを使っておしゃべりを楽しめるのが「ハンズプレイスカフェ」です。私はキッチンでの料理、フロアでの接客を担当しています。接客時に心がけているのは、お客さまに関わりすぎないこと。依頼があれば手話で通訳もしますが、プライベートな話にはできるだけ立ち入らず、お客さまどうしで会話を楽しんでいただくようにしています。

以前は週に6日だった営業日が週に2回になる、営業時間が短縮されボランティアスタッフも減るなど、飲食業であるカフェはコロナ禍の影響を大きく受けました。それでもカフェ主催のワークショップや体操教室などは、少人数で広い場所を借りて行うなど工夫し、聞こえない人と聞こえる人との交流の場はなんとか維持しています。

接客はお客さまに喜んでいただくのが仕事。つたない手話でも、笑顔で「あなたにお会いできてうれしい」の気持ちを込めれば、必ず通じると思います。

マスクの着用をお願いします

マスク

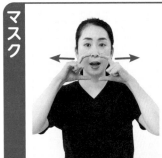

両手の親指と人さし指をコの字形にする。

左右に引いて、指先をつける。
★マスクの形を表現。

お願い

顔の前に手のひらを立て、

前にたおす。

体温を測らせていただきます

熱

手を握って反対側の胸にあて、

人さし指を伸ばす。
★体温計の熱の上昇を示す。

測る

人さし指と中指の指先を目に向けて曲げ、

左右に動かす。
★問いかける表情で。

調べる
検査
検索

おうかがいは表情で

上の手話では、『お願い』をつけていませんが、表情でおうかがい／お願いしていることを伝えましょう。右ページの『大丈夫』も、問いかけの表情をしっかりと。

体調に変化はありませんか？

あなた

人さし指で相手を
さす。

体

胸に手のひらをあて
て、

円を描く。

大丈夫

親指以外の４本
の指先を反対側
の胸につけ、

横に動かす。
★問いかける表情で。

できる
可能

間隔を空けてください

間隔を空ける

両手の人さし指
を伸ばして並べ
る。

利き手を横に動
かして、両手を
離す。

空ける

さらに利き手を
動かして両手を
離す。
★人さし指で「人」
を表し、その間が
空いている様子。

お願い

顔の前に手のひら
を立て、

前にたおす。

換気にご協力ください

窓を開ける

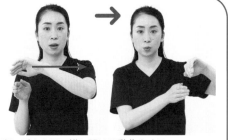

窓に手をかけ、横に開ける動作をする。

空気

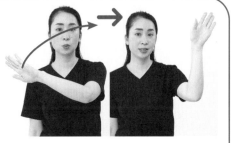

弧を描くように手のひらを横に動かす。
★空気をなぞるようなイメージ。

入れ替える

両手のひらを上に向けて前後に構え、互い違いに回す。
★窓を開けて空気を入れ替える様子。

わかる

手のひらを胸にあてて下ろす。

お願い

顔の前に手のひらを立て、前にたおす。

動画も見られます▼

消毒を徹底しています

きれい

両手のひらを合わせ、利き手を前にすべらせる。
★消毒液でふいている様子。

きれい

少しずつ横に動かしながら同じ動作をくり返す。

きれい

★『きれい』をくり返すことで、「消毒している」という意味に。

終わる

両手の指を開いて上に向け、すぼめながら下げる。★この手話をつけることで「徹底している」ことを表す。 した　でした

5人までの
人数制限があります

5人

利き手とは反対の手で指文字の『5』をつくる。
★数字の指文字はP.140。

その下で、利き手の人さし指で漢字の「人」を空間に書く。

人数制限

利き手とは反対の手のひらを下に向ける。その下で、利き手の親指と小指を立てる。

利き手を上げて、反対の手につける。
★利き手の親指と小指は「人(人々)」、反対の手は「上限」を意味し、人数に制限があることを表す。

ある

手のひらを立て、前に出して少し下げる。
です

お持ち帰りになりますか?

持ち帰り

手を握り、反対の手のひらは上向きにする。

同時に相手側に動かす。
★両手で持った荷物を動かすような様子。自分が持ち帰るときは、自分側に引く。
★問いかける表情で。
テイクアウト

ファストフード

人さし指を口元にあてる。

手を前に出しながら指をそろえる。

両手の親指と人さし指を開き、そのまま胸元に引く。
★注文した料理がすぐに提供される様子。

ふわっとした表現には注意を

　左ページの手話「換気にご協力ください」は、「窓を開けて空気を入れ替えることをご理解ください」といった意味。「協力」という手話をそのまま使うと、「換気の(窓を開ける)お手伝いをしてください」の意味になります。
　日本語にはこのように、ふわっとした言葉でていねいなニュアンスを出すことがありますが、手話では伝わりにくいので、このように噛み砕いて表現する必要があります。

何名さまですか?

いくつ

手の甲を相手側に向けて指を伸ばし、親指から1本ずつ折っていく。

人

人さし指で漢字の「人」を空間に書く。

ですか

顔の前で手の甲を相手側に向け、たおしながら前に出す。

ご予約はありますか?

予約

両手の小指同士をからませ、軽く振る。

約束

終わる

両手の指を開いて上に向け、

すぼめながら下げる。
★問いかける表情で。

した
でした

動詞／名詞＋『終わる』で完了形

「ご予約はありますか?（予約はしましたか?）」は、『予約』＋『終わる』の完了形。過去形より、「〜をした」という完了が強調される表現です（P.25 参照）。

あとから1人来るので4人になります

あと

手のひらを相手側に向けて立て、少し前に出す。
`未来`
`将来`

1人

利き手とは反対の手の人さし指を伸ばし、その下で利き手の人さし指で漢字の「人」を空間に書く。
★指文字『1』+『人』。

来る

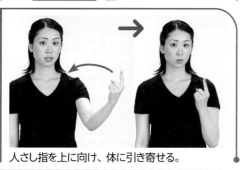

人さし指を上に向け、体に引き寄せる。

ので

両手の親指と人さし指で輪をつくってつなぎ、

前に向けながら下げる。
`だから`

合わせて

両手のひらを立てる。

中央に寄せて、手のひらを合わせる。

4人

利き手とは反対の手の親指を曲げ、残る4本の指を開いて伸ばし、利き手の人さし指で漢字の「人」を空間に書く。
★指文字『4』+『人』。

順接詞で理由や事情を説明

接続詞の表現を覚えると、2文をつないで複雑な説明もできるので、表現がより豊かになります。
左記の接続詞「〜ので」は、前にくる文章や表現が後ろの文章の理由などを説明する順接詞。「〜だから」という手話です。
※逆接詞「ですが」はP.108参照。

お飲み物はどうされますか？

飲み物

指をすぼめて、コップのような形にする。

手を口に近づけて、飲む動作をする。

コップ

いかが

手のひらを上に向け、左右に振る。

ビール2本とジュース 1本をお願いします

ビール

人さし指と中指を伸ばし、握った反対の手にあて、上に上げる。
★ビールの栓を抜く様子を表現。

2本

指文字の『2』をつくる。
★数字の指文字はP.144。

ジュース

小指を伸ばし、手首を返しながら空間に「J」の字を書く。
★指文字の『J』で「ジュース」を表現。

1本

指文字の『1』をつくる。

お願い

顔の前に手のひらを立て、前にたおす。

動画も見られます▼

コーヒーをお願いします

人さし指と親指をつけてすぼめ、軽く指を曲げた反対の手の上で回す。
★カップを持ってスプーンを回す様子。

顔の前に手のひらを立て、

前にたおす。

砂糖とミルクは使われますか?

指をそろえ、口のまわりを2周させる。
[甘い]

親指を口元にあてる。
★哺乳びんを表現。

両手の指先をすぼめ、体に引き寄せる。
★問いかける表情で。
[かかる]
[用事]

両方お願いします

 →

利き手とは反対の手の人さし指と中指を伸ばし、利き手の人さし指で順番にさす。
★2つどちらも、という意味。

顔の前に手のひらを立て、前にたおす。

いりません

両手の親指以外の指先を肩に向け、前に払う。
[かからない]
[いらない]

105

ご注文は何に なさいますか?

注文

人さし指を、前に出した反対の手のひらにあてる。

両手を体に引き寄せる。

何

人さし指を左右に2〜3回振る。

ですか

顔の横で手の甲を相手側に向け、たおしながら前に出す。

メニューを見せて ください

メニュー

両手の指をそろえて伸ばし、重ねる。

利き手だけを横へ引く。
★飲食店のメニューを表現。

見る

親指と人さし指で輪をつくり、目元から前に出す。

お願い

顔の前に手のひらを立て、前にたおす。

6章

飲食店

動画も見られます ▼

これとこれをください

これ

人さし指で反対の手のひらをさす。

これ

手のひらの違うところをさす。

お願い

顔の前に手のひらを立て、前にたおす。

少々お待ちください

少し

親指と人さし指を伸ばし、指の間隔を少し空ける。

待つ

親指を除く4本の指を曲げ、あごの下にあてる。
★「首を長くして待つ」様子。

お願い

顔の前に手のひらを立て、前にたおす。

飲食店

同じ「食べる」でも、さまざまな表現がある

　口話では、「食べる」というひとつの言葉であっても、手話では食べるものによっていろいろな表現をします。基本の『食べる』は指2本で箸を表す手話ですが、食べるのがスパゲッティだと指を3本出してフォークを表現します。また、麺類だとすするような表現をしたり、サンドイッチだと手でつまんで食べるような表現に（P.156～157も参照）。このように、手話ではそのときどきの状況や対象をイメージすることがとても大切です（P.63も参照）。

（箸で）食べる

利き手が箸、反対の手がお椀のイメージ。2本の指で食べる動作をする。
★一般的な「食べる」という動詞はこれを使う。

食べ物
食事

（フォークで）食べる

利き手がフォーク、反対の手がお皿のイメージ。3本の指で食べる動作をする。

★スパゲッティなど、フォークを使う料理を食べるときの表現。

※これらの手話は動画には収録されていません。

20分も待っていますが、食べ物がきません

6章

飲食店

動画も見られます ▼

時間

人さし指で、反対の
手首あたりをさす。
★腕時計をさしている
様子。

20

反対の手はそのまま
にし、利き手で指文
字の『20』をつくる。
★数字の指文字はP.140。

分

人さし指を伸ばし、
手が横向きになるよ
う手首を返す。
★「分」の手話はP.59
参照。

待つ

親指を除く4本の指
を曲げ、あごの下に
あてる。
★「首を長くして待つ」
様子を表現。

ですが

けれども
でも

手のひらを相手側に向け、手首を返す。

食べ物

利き手とは反対の手
をすぼめて上に向
け、利き手の人さし
指と中指を伸ばし、
食べる動作をする。

食事
食べる

来る

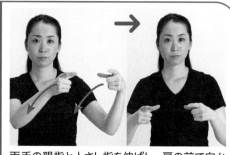

両手の親指と人さし指を伸ばし、肩の前で向か
い合わせにして、両手を同時にななめに下ろす。

まだ

指先を反対の手のひら
に向け、上下に2回軽
く振る。
★利き手とは反対の手
は終点を、利き手はま
だ達成されていない状
態を表現。

もうすぐです

もうすぐ

両手のひらを向かい
合わせにする（利き手
のほうを高い位置にす
る）。

手首を揺らしながら、
利き手を反対の手に近
づける。

ご注文の品は
おそろいですか?

注文

人さし指を、前に出した反対の手のひらにあて、両手を体に引き寄せる。

品

親指と人さし指で輪をつくる。

正面、利き手の反対側、利き手側の順に、輪を動かす。
★「口」の形を3つ=品を表す。

終わる

両手の指を開いて上に向け、すぼめながら下げる。

`した`
`でした`

ですか

顔の横で手の甲を相手側に向け、たおしながら前に出す。

ごゆっくりどうぞ

ゆっくり

両手の親指と人さし指を開き、利き手側へ弧を描くように動かす。

`遅い`
`遅れる`

どうぞ

両手のひらを上に向けて、前に出す。

飲食店

「おそろいですか?」も完了形

　左の『注文』+『品』+『終わる』も、P.25、102で解説のある「完了形」です（動詞／名詞+『終わる』）。
　直訳だと「注文の品は終わりましたか?」で、「そろいましたか?」という完了のニュアンスになります。

お支払いはどうされますか？

支払い

親指と人さし指で輪をつくり、反対の手のひらを上向きにする。

輪を前に出し、反対の手を手前に引く。
★お金を払い、商品をもらう様子。
買う

方法

利き手とは反対の手を下向きにし、

その甲を利き手で2回軽くたたく。
手段

何

人さし指を左右に2〜3回振る。
★「何で支払いますか？」という表現。

クレジットカードでお願いします

クレジットカード

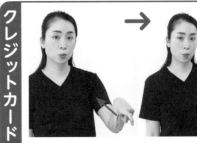

親指と人さし指を曲げ、手前に引くように動かす。
★カードリーダーを通している様子。

お願い

顔の前に利き手のひらを立て、前にたおす。

PASMO（パスモ）

パ

指文字の『は』を示してから、上へ動かす（指文字『ぱ』）。
★ひらがなの指文字はP.136〜138。

ス
指文字の『す』。

モ
指文字の『も』。

Suica（スイカ）

手のひらを胸のあたりから下に振る。
★改札にカードでタッチしている様子。

現金

本当

手のひらを立て、あごをたたく。

お金

親指と人さし指で輪をつくり、左右に小さく振る。

※『本当』はあごを2回たたくのが一般的ですが、『現金』の場合は通常1回だけ。

ポイントカードは お持ちですか？

ポイント

人さし指を伸ばし、

反対の手の甲に
つける。
★利き手とは反対
の手は指文字の『ホ
（ポ）』で、そこに点
（ポイント）を打つ様
子。

カード

両手の親指と人さ
し指をコの字に曲
げ、四角形をつく
る。

券
チケット

持つ

手のひらを上に向
け、

手を閉じながら上
げる。
★問いかける表情で。

ご自宅用ですか？

自分

人さし指で自分を
さし、

指先を上に向ける。

家

両手のひらをなな
めに合わせ、屋根
の形をつくる。

使う

親指と人さし指で
輪をつくり、反対
の手のひらにつけ
る。

輪を前に軽く2回
すべらせる。
★問いかける表情で。

使用
用いる

これはいくらですか?

これ 人さし指で前をさす。

お金 親指と人さし指で輪をつくり、左右に小さく振る。

金
金色

いくつ 手の甲を相手側に向けて指を伸ばす。

親指から1本ずつ折っていく。
★『お金』+『いくつ?』で「いくら?」を表現。

3万円です

3 指文字の『3』をつくる。
★数字の指文字はP.140。

万 指文字の『万』をつくる。

円 親指と人さし指をコの字に曲げ、外側へ動かす。

です 手のひらを立て、前に出して少し下げる。
ある

何をお探しですか?

黄色いスカートを探しています

あなた

人さし指で相手をさす。

探す

顔の前で親指と人さし指で輪をつくり、

クルクルと回しながら、横へ移動させる。

何

人さし指を左右に2〜3回振る。

私

人さし指で自分をさす。

黄色

親指と人さし指を開き、額に親指の指先をつけ、人さし指を2回揺らす。

★ひよこの色から。『ニワトリ』(P.158)よりトサカの数(揺らす指の本数)を少なくして表現。　ひよこ

スカート

腰の横で両手の指をそろえて伸ばし、同時にななめに下ろす。

探す

顔の前で親指と人さし指で輪をつくり、クルクルと回しながら横へ移動させる。

ショッピング

試着してもよろしいですか?

試す

人さし指を、目の下に2回あてる。
★「試みる」の「みる」を目で示しているといわれる。

着る

肩の前で両手を握り、胸の前に寄せる。

かまわない

小指を伸ばし、2回あごにつける。

ですか

顔の横で手の甲を相手側に向け、たおしながら前に出す。

パンツ

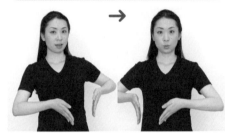

腰の前で、両手のひらをななめ下向きに向かい合わせ、下げる。

反対側も同様にする。
★パンツをはく様子。

シャツ

 →

肩の前で両手の親指と人さし指を開き、

指を閉じながら、下ろす。
★シャツのえりを表現。

かばん

かばんを持っている動作をする。

帽子

頭の上で両手の親指と4本の指先をつまむようにつけ、両手を同時に下げる。
★帽子をかぶる様子。

どうぞ、試着室はあちらにございます

どうぞ

手のひらを上向きにし、横に動かす。

試す

人さし指を、目の下に2回あてる。

着る

肩の前で両手を握り、

胸の前に寄せる。

部屋

両手の甲を相手側に向け、前後に構える。

両手のひらを向かい合わせる。
★部屋の四方の壁を表す。

あちら

手のひらを上に向けて前をさす。

くつのサイズは何センチになりますか?

くつ

利き手とは反対の手の指を反らしぎみに伸ばし、握った利き手をあてて、引き上げる。
★くつべらを使って、くつをはく様子。

サイズ

両手のひらを向かい合わせ、内向きに2回動かす。

いくつ

手の甲を相手側に向けて指を伸ばし、親指から1本ずつ折っていく。

23 センチです

20

指文字の『20』をつくる。
★数字の指文字はP.140。

3

指文字の『3』をつくる。

センチメートル

人さし指で「cm」と空間に書く。
★自分から見て正字になるように。

食料品売り場は地下2階にございます

ショッピング

食べる

利き手とは反対の手をすぼめて上に向け、利き手の人さし指と中指を伸ばし、食べる動作をする。

食事
食べ物

地下

利き手とは反対の手のひらを水平にして、その下で人さし指を伸ばした利き手を下げる。

品

親指と人さし指で輪をつくる。

正面、利き手と反対側、利き手側に、順に輪を動かす。
★「口」の形を3つ＝品を表す。

2階

指文字の『2』をつくって横に向け、下側へ弧を描く。
★数字の指文字はP.140。
★地上階の場合は、上側へ弧を描く。

販売

両手の親指と人さし指で輪をつくり、互い違いに前後に動かす。

ある

手のひらを立て、前に出して少し下げる。

です

場所

指先を下に向けてすぼめ、そのまま下ろす。

予約した山田ですが

予約

両手の小指同士をからませて、軽く振る。

約束

した

両手の指を開いて上に向け、

すぼめながら、下げる。

終わる
でした

私

人さし指で自分をさす。

名前

親指の指先を、反対の手のひらの中央にあてる。

山

手のひらを下に向け、

利き手側へ弧を描く。

田

両手の人さし指と中指、薬指を伸ばして開き、タテ横に組み合わせて、「田」の形をつくる。

言う

口の前に人さし指を立て、

前に出す。
★「～といいます」という表現。

動画も見られます▼

こちらにお名前とご住所を記入してください

ここ

人さし指で前をさす。

名前

親指の指先を、反対の手のひらの中央にあてる。

と

両手の人さし指の指先をつける。

家

両手のひらをななめに合わせ、屋根の形をつくる。

場所

指先を下に向けてすぼめ、そのまま下ろす。
★『家』+『場所』で住所を表す。

を

人さし指と反対の手の中指の指先をつける。

書く

利き手とは反対の手のひらを上向きにする。利き手をペンを持った形にして、

書く動作をする。

お願い

顔の前に手のひらを立て、前にたおす。

複数のものをさす場合の「と」

　上のように「お名前」と「ご住所」などいくつかのものを言う場合、助詞の「と」は、人さし指でさす指を、人さし指⇒中指⇒薬指の順に変えていきます。

1つ目　人さし指

2つ目　中指

3つ目　薬指

チェックアウトは何時ですか？

チェック

人さし指で、反対の手のひらに「✓（チェックマーク）」を書く。

アウト

人さし指を伸ばし、

反対の手の外側に出す。

時間

人さし指で、反対の手首あたりをさす。
★時計をさしている様子を。

いくつ

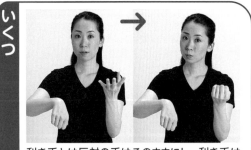

利き手とは反対の手はそのままにし、利き手は甲を相手側に向けて指を伸ばし、親指から1本ずつ折っていく。

朝10時です

朝

手を握って、こめかみにあてる。
★手をこめかみにあてることで枕と頭の様子を示し、『寝る』という単語を表す。

手を下ろす。
★手を下ろすと「目が覚める」を表し、上の動作と合わせ『朝』という単語になる。

時間

人さし指で、反対の手首あたりをさす。

10

指文字の『10』をつくる。
★数字の指文字はP.140。
★左の『いくつ』のように、反対の手は『時間』の手話のままにしておいても伝わりやすい。

動画も見られます▼

タクシーを呼んでください

タクシー

利き手とは反対の手のひらを上げ、コの字の形にした利き手を、反対の手に近づける。
★車を呼びとめる様子。

呼ぶ

顔の高さあたりで手のひらを下向きにし、手招きするように指を折る。

お願い

顔の前に手のひらを立て、前にたおす。

チェックイン

チェック

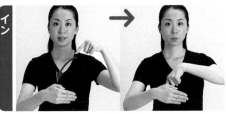

人さし指で、反対の手のひらに「✓（チェックマーク）」を書く。

イン

人さし指を伸ばし、反対の手の内側に下ろす。

わかりました。すぐ手配します

わかる

手のひらを胸にあてて下ろす。
★手を下ろす代わりに、胸の中央を軽くたたいてもよい。

知る
了解

すぐ

親指と人さし指の指先をつけ、すばやく横へ動かしながら指を開く。
★移動の向きは上でもOK（P.128『すぐ』参照）。

呼ぶ

顔の高さあたりで手のひらを下向きにし、手招きするように指を折る。

宿泊施設

これから外出します

今 両手のひらを下に向けて、下げる。

から 手のひらを横から自分側に払う。

外出 利き手とは反対の手のひらをななめに構え、その下から、

指をそろえた利き手を前に出す。
★屋根の下（家）から出る様子。

お気をつけてお出かけください。いってらっしゃいませ

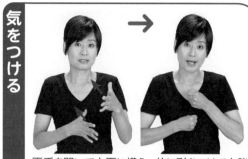

気をつける 両手を開いて上下に構え、体に引きつけて力強く握る。

出かける 人さし指を下に向け、前に出す。 `行く`

お願い 顔の前に利き手のひらを立て、前にたおす。

いってらっしゃい 開いた手を、顔の横で左右に振る。 `さようなら`

動画も見られます ▼

よい滞在だったでしょうか?

よい

鼻の前で手を握り、前に出す。
★よいことがあって鼻が高い様子。

善

暮らす

両手の親指と人さし指を伸ばして開き、同時に1回転させる。
★太陽が昇って沈む様子を示し、そこから日々の生活を表す。

生活

ですか

顔の横で手の甲を相手側に向け、たおしながら前に出す。

とても楽しかったです

楽しい

両手の甲を相手側に向け、

交互に上下させる。
★「胸が躍る」ことを表現。

うれしい
喜ぶ

とても

親指と人さし指を伸ばし、

やや弧を描きながら利き手側へ移動させる。
★「とても」を文末におくことで、程度を強くできる。

非常に
かなり

宿泊施設

おかけになって お待ちください

座る

人さし指と中指の指先を曲げ、

反対の手の人さし指と中指にかける。
★「いす」と「足」を示し、いすに座る様子を表現。

席
乗る

待つ

親指を除く4本の指を曲げ、あごの下にあてる。
★「首を長くして待つ」様子。

お願い

顔の前に手のひらを立て、前にたおす。

お待たせいたしました

待つ

親指を除く4本の指を曲げ、あごの下にあてる。

迷惑

親指と人さし指で、眉間のあたりをつまむようにする。

お願い

顔の前に手のひらを立て、前にたおす。

お詫びの気持ちもていねいに表す

　申し訳ないと思っていることの表現も、表情と手の動きがキモになります。
　「お待たせいたしました」というときにも、本当に恐縮した表情で、手の動きもゆっくり見せることで、ていねいに謝罪していることが伝わります。

番号が表示されたら窓口に来てください

番号

両手の人さし指、中指、薬指を立て、甲を相手側に向ける。

両手を2回トントンと合わせる。

来る

人さし指を上に向け、

体に引き寄せる。

表示

人さし指を、正面に向けた反対の手のひらにあて、そのままいっしょに前に出す。

表現

**お願い**

顔の前に手のひらを立て、前にたおす。

窓口

指先を下向きに伸ばし、下向きにした反対の手のひらに2回あてる。

役所・銀行・郵便局

申し込み用紙に ご記入ください

申し込み

伸ばした人さし指を反対の手のひらにあて、その
ままいっしょに前に出す。

紙

両手の人さし指を
合わせ、四角形を
空間に書く。

用紙
書類

書く

利き手とは反対の手のひらを上向きにし、利き手
をペンを持った形にして、書く動作をする。

お願い

顔の前に手のひらを
立て、前にたおす。

わからないことはありますか?

わからない

肩の前で手を軽くす
ぼめ、

払うように2回振る。

知らない

ある

手のひらを立て、前
に出して少し下げる。
★問いかける表情で。

です

ここは何を書けばいいのですか？

ここ　人さし指で、反対の手のひらを指す。

何　人さし指を左右に2〜3回振る。

書く　利き手とは反対の手のひらを上向きにし、利き手をペンを持った形にして、書く動作をする。

よい　鼻の前で手を握り、前に出す。
★よいことがあって鼻が高い様子。
善

ですか　顔の横で手の甲を相手側に向け、たおしながら前に出す。

手続きに必要なものは何ですか？

手　手のひらを、反対の手のひらに乗せる。

申し込み　伸ばした人さし指を反対の手のひらにあて、そのままいっしょに前に出す。

必要　両手の指先をすぼめ、体に引き寄せる。
かかる
用事

何　人さし指を左右に2〜3回振る。

127

すぐ

親指と人さし指の指先をつけ、

すばやく手を上に動かしながら、指を開く。
★移動の向きは横でもOK(P.121『すぐ』参照)。

もらう

指先を相手側に向けて両手のひらを並べ、

同時に手前に引く。

できる

親指を除く4本の指先を反対側の胸につけ、横に動かす。★問いかける表情で。 可能 大丈夫

1週間

指文字の『7』をつくり、指先を反対の手のひらにあて、

利き手を横へ移動させる。
★数字の指文字はP.140。『7』は「7日」を表す。

両手のひらを向かい合わせて、下げる。
★日時に関する単語例はP.149。

あと

手のひらを相手側に向けて立て、少し前に出す。
未来
将来

郵送する

利き手とは反対の手の人さし指と中指を伸ばし、その下に利き手の人さし指をあて、そのままいっしょに前に出す。
★〒のマークを表す。

動画も見られます ▼

128

何時に閉まりますか?

ここ

人さし指で下をさす。

閉まる

両手のひらを相手側に向けて、手の甲が相手側に向くように両手を閉じる。
★観音開きの扉が閉まるイメージ。

時間

人さし指で、反対の手首あたりをさす。
★腕時計をさしている様子。

いくつ

手の甲を相手側に向けて指を伸ばし、親指から1本ずつ折っていく。
★右の『8』のように、反対の手は『時間』の手話のままにしておいても伝わりやすい(P.120 参照)。

夜8時です

夜

肩の横で両手のひらを相手側に向け、

両手を交差させる。
★両手で視線をふさぐような動作で、暗くなって見えなくなる様子。
[暗い]

時間

人さし指で、反対の手首あたりをさす。

8
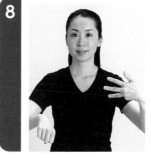
反対の手はそのままにし、利き手で指文字の『8』をつくる。
★数字の指文字はP.140。

役所・銀行・郵便局

初診の方ですか?

あなた

人さし指で相手を
さす。

診察

人さし指と中指の指先で、反対の手の甲を軽く2
〜3回たたく。★医師が触診をしている様子。

初めて

人さし指を伸ばして、中指と薬指、小指の指先
を反対の手の甲につけ、上げる。
★たくさんある中から、ひとつだけ
つまみ上げるニュアンス。

最初
まず

ですか

顔の横で甲を相
手側に向け、たお
しながら前に出す。

はい、この病院は初めてです

はい

親指と人さし指を
開き、指を閉じる。

同じ

この

人さし指で前をさ
す。

病院

人さし指と中指の指
先で、反対の手首を
押さえる。
★『医療』という手話
（脈をとる様子）。

両手のひらを向かい
合わせて上に上げ、
中央に寄せる。
★『建物』という手話。

初めて

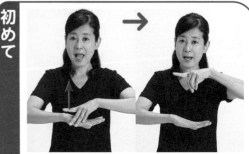

人さし指を伸ばして、中指と薬指、小指の指先
を反対の手の甲につけ、上げる。

健康保険証をお願いします

健康

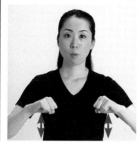

両手を握り、胸の前あたりで2回上下させる。

保険

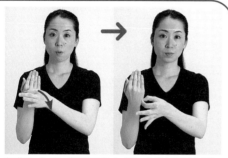

親指と人さし指で輪をつくり、反対の手の甲につけ、前に出す。
★利き手は『お金』、反対の手は指文字の『ほ』。

証明（書）

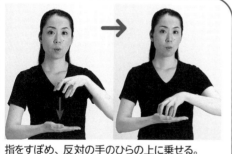

指をすぼめ、反対の手のひらの上に乗せる。
★はんこ（公印）を押す様子。 証拠 免許（証）

お願い

顔の前に手のひらを立て、前にたおす。

こちらが診察券です

こちら

手のひらを上に向けて、前に出す。

診察

人さし指と中指の指先で、反対の手の甲を軽く2〜3回たたく。

券

両手の親指と人さし指をコの字に曲げ、四角形をつくる。
カード
チケット

頭痛

頭 → 痛い

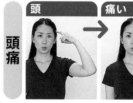

人さし指で、こめかみをさす。
➡手のひらを上に向けて、軽く指を曲げ、左右に揺らす。

腹痛

おなか → 痛い

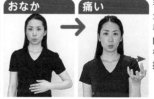

手のひらをおなかにあてる。➡手のひらを上に向けて、軽く指を曲げ、左右に揺らす。

吐き気

手のひらを胸にあて、手首を返しながら前に出す。

どうしましたか?

体
胸に手のひらをあて、円を描く。

いかが
手のひらを上に向け、左右に振る。

ですか
顔の横で手の甲を相手側に向け、たおしながら前に出す。

少し熱があります

少し
親指と人さし指を伸ばし、指先の間隔を少し空ける。

熱
額に手のひらをあてる。

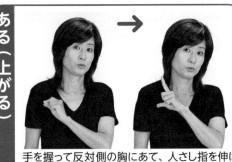

ある(上がる)
手を握って反対側の胸にあて、人さし指を伸ばす。★「上がる(上昇)」を表す。

障害者手帳

障がい
握った両手を体の前で横に並べ、手首を返しながら左右に離す。

人々
両手の親指と小指を伸ばし、手首を振りながら外側へ動かす。

手帳
手のひら同士を合わせ、手を立てる。★タテ開きの手帳を開いている様子を表現。

病気

手を握って、額を2回たたく。
~症

ケガ

両手の人さし指を、片方ずつ顔の横からななめ下へ動かす。

かぜ

手を握って、口の前で軽く前後に動かす。★せきをしている様子。

動画も見られます ▼ 132～134ページの動画

熱は何度ありますか?

熱

手を握って反対側の胸にあて、人さし指を伸ばす。
★左の例文では「(熱が)ある(上がる)」となっている手話だが、これだけでも『熱』という手話になる。

いくつ

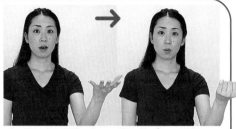

手の甲を相手側に向けて指を伸ばし、親指から1本ずつ折っていく。

ですか(あなた)

人さし指で相手をさす。
★手話の本来の意味は「あなた」ですが、文脈から「ですか?」の訳を当てはめている。

医療従事者

医療

親指を除く4本の指で反対の手首を押さえる。
★脈を測る様子。

働く

両手のひらを上に向けて指先を向かい合わせ、寄せる・離すを2回くり返す。

人々

両手の親指と小指を伸ばし、手首を振りながら外側へ動かす。

38度あります

熱

額に手のひらをあてる。

ある(上がる)

手を握って反対側の胸にあて、人さし指を伸ばす。

38

指文字の『30』をつくる。
★数字の指文字はP.140。

指文字の『8』をつくる。

度

人さし指と中指をそろえて伸ばし、横に動かす。
★指文字の『ど』(P.138〈濁音〉参照)。

ある

手のひらを立て、前に出して少し下げる。

です

病院

133

処方箋はこちらに お願いします

お薬手帳はお持ちですか?

薬

薬指の指先を反対の手のひらにつけて、小さく回す。
★薬を調合する様子。

紙

両手の人さし指を合わせ、

四角形を空間に書く。

[用紙]
[書類]

こちら

手のひらを上に向けて、前に出す。

お願い

顔の前に手のひらを立て、前にたおす。

薬

薬指の指先を反対の手のひらにつけて、小さく回す。

手帳

両手のひらを胸の前で合わせ、

両手を開く。
★P.132の『手帳』はタテ開き、ここの手帳は横開きのイメージなので、手の動きもそれに合わせている。

持つ

手のひらを上に向け、

手を閉じながら上げる。
★問いかける表情で。

7章

指文字・単語集

指文字

単語

7章

指文字

五十音

あ

5 / A

親指を伸ばし、4本の指を握る。

か

K

人さし指と中指を開き、その間に親指を添える。

さ

S

親指を表に出して4本の指を握る。

た

男性

親指を立て、4本の指を握る。『男性』と同形。

な

人さし指と中指を開いて伸ばし、下に向ける。

い

女性 / I

小指を伸ばし、4本の指を握る。『女性』と同形。

き

親指と中指、薬指の指先をつける。影絵の「キツネ」の形。

し

7

親指と人さし指、中指を開いて伸ばし、横に向ける。

ち

1000

小指を伸ばし、親指と3本の指で丸をつくる。『1000』と同形。

に

二

人さし指と中指を開いて伸ばし、横に向ける。漢数字の『二』と同形。

う

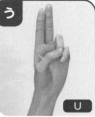

U

人さし指と中指をそろえて伸ばし、3本の指を握る。

く

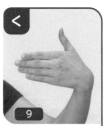

9

親指を立て、4本の指をそろえて伸ばす。

す

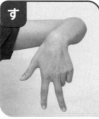

親指と人さし指、中指を開いて伸ばし、下に向ける。

つ

薬指と小指を開いて伸ばし、親指と2本の指で丸をつくる。

ぬ

盗む

人さし指を伸ばし、指先をカギ形に曲げる。『盗む』と同形。

え

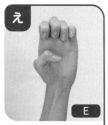

E

5本の指先をカギ形に曲げる。

け

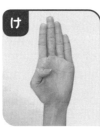

親指を曲げて、4本の指をそろえて立てる。

せ

中指を伸ばし、4本の指を握る。

て

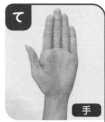

手

5本の指をそろえて伸ばす。『手』と同形。

ね

根

5本の指を開いて伸ばし、下に向ける。『根』と同形。

お

0(ゼロ) / O

5本の指を丸めて「〇」形にする。

こ

親指を伸ばし、4本の指をそろえて直角に曲げる。「コ」の形の一部分。

そ

それ

人さし指を伸ばし、ななめ下を指す。『それ』と同形。

と

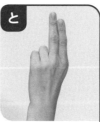

人さし指と中指をそろえて伸ばし、3本の指を握る。手の甲は相手側に向ける。

の

人さし指で「ノ」と空間に書く。自分から見た「ノ」の形。

動画も見られます ▼ 五十音

は

H

人さし指と中指をそろえて伸ばし、右ななめ下をさす。

ま

人さし指と中指、薬指を開いて伸ばし、下に向ける。「M」の形。

や

Y

親指と小指を開いて伸ばし、手のひら側を相手に向ける。

ら

R

人さし指と中指を伸ばし、中指の腹に人さし指の背をつける。

わ

3
W

人さし指と中指、薬指を開いて伸ばす。

ひ

1

人さし指を伸ばし、4本の指を握る。

み

三

人さし指と中指、薬指を開いて伸ばし、横に向ける。『三』と同形。

ゆ

人さし指と中指、薬指を開いて伸ばし、手の甲を相手側に向ける。

り
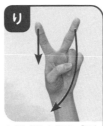

人さし指と中指で、「リ」と空間に書く。

を

5本の指を丸めて「○」の形にして、体側に引く。

ふ

親指と人さし指を開いて伸ばし、下に向ける。「フ」の形をつくる。

む

6

親指を立て、人さし指を伸ばし、横に向ける。

よ

四

親指を除く4本の指を開いて伸ばし、横に向ける。漢数字の『四』と同形。

る

親指と人さし指、中指を開いて伸ばす。「ル」の形をつくる。

ん

人さし指で「ン」と空間に書く。

へ
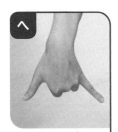

親指と小指を伸ばし、下に向ける。「へ」の形をつくる。

め

親指と人さし指の指先をつけ、輪（目の形）をつくる。

れ
L

親指と人さし指を開いて伸ばし、「L」の形をつくる。

ほ

5本の指をそろえて伸ばし、手のひらをすぼめる。

も

同じ

親指と人さし指を開き、指先をつける。

ろ

人さし指と中指をそろえて伸ばし、その指先をカギ形に曲げる。

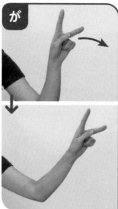

が <濁音>指文字の『か』を示してから、外側へ動かす。

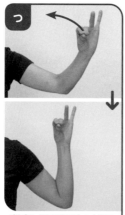

つ <促音>指文字の『つ』を示してから、体側に引く。

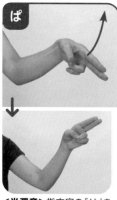

ぱ <半濁音>指文字の『は』を示してから、上に動かす。

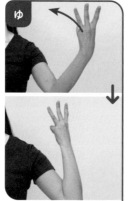

ゆ <拗音>指文字の『ゆ』を示してから、体側に引く。

あー <長音①>指文字の『あ』を示してから、下に動かす。

あ／ー <長音②>指文字の『あ』を示し、人さし指の先を下げる。

手話がない言葉は、指文字で表せる

手話としてまだ存在しない言葉も、指文字を使って音を表記することで表せます。人名や地名などの固有名詞（手話のないもの）や、新しくできた言葉などがそれに該当します（P.145参照）。

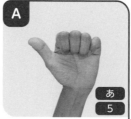

A （あ／5）親指を伸ばして他の指を握り、「a」の形をつくる。

F （0（ゼロ））親指と人さし指の指先をつけ、3本の指をそろえて伸ばす。

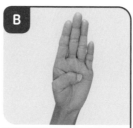

B 親指を曲げて、4本の指をそろえて伸ばし、「B」の形をつくる。

G 親指と人さし指を、間隔を空けて横に伸ばす。※動画の画像はアングルが異なります。

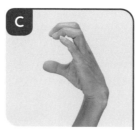

C 親指と4本の指を曲げ、「C」の形をつくる。

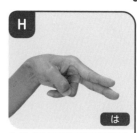

H （は）人さし指と中指をそろえて伸ばす。※動画の画像はアングルが異なります。

D 人さし指を伸ばし、4本の指先をつけて、「d」の形をつくる。

I （い／女性）小指を伸ばし、4本の指を握って、「I」の形をつくる。

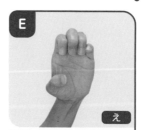

E （え）親指と4本の指先をカギ形に曲げ、「e」の形をつくる。

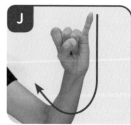

J 伸ばした小指で「J」を空間に書く。

※長音②は、動画では『あ』が示されていません（『ー（音引き）』部分のみ）。このページの五十音の動画のQRコードはP.136にあります。

7章

指文字

五十音／アルファベット

動画も見られます▼ アルファベット

K か

人さし指と中指を開いて伸ばし、その間に親指を添える。

P

人さし指と中指を伸ばし、「K」のような形をつくり、下に向ける。

U う

人さし指と中指をそろえて伸ばし、3本の指を握る。

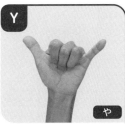

Y や

親指と小指を開いて伸ばし、3本の指を握る。

L れ

親指と人さし指を開いて伸ばし、「L」の形をつくる。

Q

親指と人さし指を開いて伸ばし、『G』をつくり、下に向ける。

V 2

人さし指と中指を開いて伸ばし、3本の指を握る。

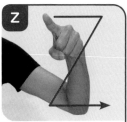

Z

人さし指を伸ばして、「Z」を空間に書く。

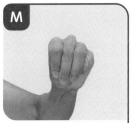

M

親指を人さし指、中指、薬指で包む。

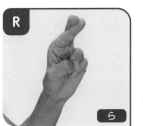

R ら

人さし指と中指を伸ばし、中指の腹に人さし指の背をつける。

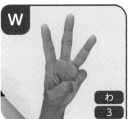

W わ 3

親指と小指をつけ、3本の指を開いて伸ばす。

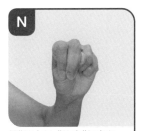

N

親指を人さし指と中指で包む。

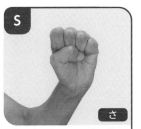

S さ

親指を表に出して、4本の指を握る。

X

人さし指の指先をカギ形に曲げ、4本の指を握る。

O お 0(ゼロ)

指先を丸めて、「O」の形をつくる。

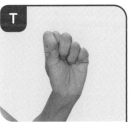

T

親指を人さし指と中指の間にはさんで、4本の指を握る。

指文字

アルファベット

アメリカ手話と共通点が多い日本手話

　ここで紹介したアルファベットは、アメリカ手話と同じです。アメリカ手話はアルファベットの形を表したものが目立ちます。また、日本手話はアメリカ手話をもとにしているため、『あ』と『a』、『い』と『i』、『う』と『u』など共通するものが多いのも特徴です。

指文字 3 数字

7章
指文字
数字

動画も見られます ▼

0
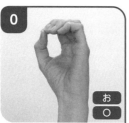
お ○
親指と人さし指の指先をつけ、丸の形をつくる。

4
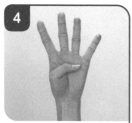
親指を曲げて、4本の指を開いて伸ばす。

9
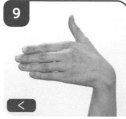
く
親指を立て、4本の指をそろえて伸ばす。

50

『5』の親指を立ててから曲げる。

0 （別形）

F
親指と人さし指の指先をつけ、丸の形をつくり、3本の指は伸ばす。

5

あ
親指を横に伸ばし、4本の指を握る。

10

『1』の指先を曲げる。

60

『6』の指先を曲げる。

1

ひ
人さし指を伸ばし、4本の指を握る。

6

む
親指と人さし指を開いて伸ばし、3本の指を握る。

20
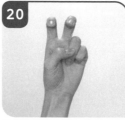
『2』の指先を曲げる。

70

『7』の指先を曲げる。

2

V
人さし指と中指を開いて伸ばし、3本の指を握る。

7
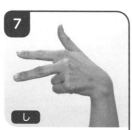
し
親指と人さし指、中指を開いて伸ばし、2本の指を握る。

30
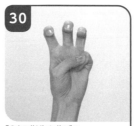
『3』の指先を曲げる。

80

『8』の指先を曲げる。

3
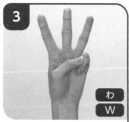
わ W
人さし指と中指、薬指を開いて伸ばし、2本の指を握る。

8
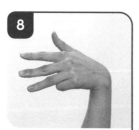
小指を曲げて、4本の指を開いて伸ばす。

40
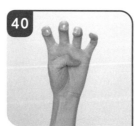
『4』の指先を曲げる。

90

『9』の指先を曲げる。

100
『1』を横にして跳ね上げる。

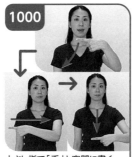
1000
人さし指で「千」と空間に書く。

100（別形）
3本の指の指先をつけ、2本の指を伸ばす。0が2つで100。

1000（別形）
ち
4本の指の指先をつけ、小指を伸ばす。0が3つで1000。

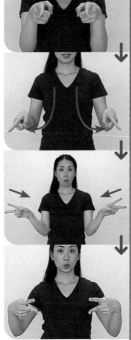
兆
「兆」の形を表す。

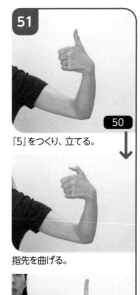
51
『5』をつくり、立てる。

50

指先を曲げる。

1
人さし指を伸ばし、4本の指を握る。

200
『2』を横にして跳ね上げる。

2000
人さし指と中指で「千」と空間に書く。

小数点

人さし指で点をつく。

300
『3』を横にして跳ね上げる。

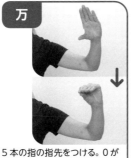
万
5本の指の指先をつける。0が4つで10000。

コンマ
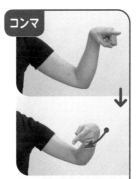
人さし指で「,」を空間に書く。

700
『7』を横にして跳ね上げる。

億
前に向けて開いた利き手の指を握りしめながら、手前に引く。

2ケタ以上の数字は、大きなケタから

上の「51」でもわかるように、2ケタ以上の数字は、大きなほうのケタから順に表します。

＜例＞
50 ＋ 1 → 51
1 ＋ 万
＋ 2 ＋ 千 ＋ 300
＋ 40 ＋ 5 → 12345

都道府県名

☆都道府県名は、名前を分解してそれぞれの漢字の意味を手話にしたものや、名産や名

北海道

両手の人さし指と中指を伸ばし、頭上から胸にかけて、ひし形を書く。
★北海道の地形を表現。

岩手

岩

両手の指先をすぼめて向かい合わせ、左右逆の向きに、それぞれ半回転させる。

手

手のひらを肩の前に立てる。

宮城

宮

両手の指を屋根の形に組む。★お宮の屋根を表現。

城

両手の人さし指の指先を曲げて、向かい合わせる。
★『名古屋』という単語も同形（P.70）。

福島

福

親指と4本の指を開いてあごにあて、あごに沿ってなで下ろす。★『幸せ』という単語も同形。

栃木

トチ

利き手とは反対の手を下に向け、利き手の人さし指で、小指から順に指先でギザギザを書く。
★トチの葉を表す。

群馬

馬

両手の人さし指を伸ばして、前に2回たおす。
★馬にムチを入れる様子。

埼玉

玉

両手の指を軽く曲げ、上下で半回転ずらしながら回す。

東京

両手の親指と人さし指を伸ばして、2回上げる。
★指の形は太陽が昇る様子＝東を表す。

青森

青い

4本の指をほおにあて、指先で耳のほうへなでる。
★ひげそりあとの青さを表現。

森

指を広げた両手を、交互に大きく上下させながら、左右に離していく。

秋田

フキ

親指を伸ばし、反対の手の甲にあてる。

山形

さくらんぼ

人さし指を、反対の手の親指と人さし指の輪にあてる。

島

利き手とは反対の手の指先を下向きにすぼめ、そのまわりを、利き手のひらを上に向けて半周させる。

茨城

みの

両手を交差させ、それぞれの手のひらで二の腕を払う。★水戸藩士の「みの」を表現。

千葉

利き手とは反対の手の親指と人さし指を伸ばし、利き手の人さし指を2回当てる。★千葉の「千」の字を表す。

神奈川

神

指を伸ばした両手のひらを
向かい合わせ、中央で1
回合わせる。
★かしわ手を表現。

川

人さし指と中指、薬指を伸
ばし、タテに下ろす。

新潟

両手のひらを上に向けて並
べ、互い違いに前後に動
かす。★新潟港に出入り
する船を表す。

山梨

山

手のひらを下に向け、弧を
描く。

ぶどう

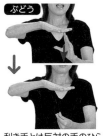

利き手とは反対の手のひら
を下向きに構え、利き手の
4本の指先を下からあて
る。指先を閉じながら利き
手だけ下げる。

長野

長い

両手の親指と人さし指でつ
くった輪を中央でつけてか
ら、左右に離す。

ノ

人さし指で、指文字の「ノ」
の字を空間に書く。

石川

石

指をすぼめ、反対の手のひ
らに打ちつける。

川

人さし指と中指、薬指を伸
ばし、タテに下ろす。

福井

福

親指と4本の指を開いて
あごにあて、あごに沿って
なで下ろす。

井

両手の人さし指と中指を
伸ばし、タテ横に組み合わ
せて、漢字の「井」の形を
つくる。

静岡

富士山

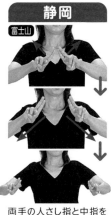

両手の人さし指と中指を
伸ばして指先を合わせ、な
なめ上に動かしたあと、な
なめ下に動かす。

岡

両手の親指と人さし指を合
わせ、2本の指先で「冂」
の形を空間に書く。

富山

人さし指と中指を伸ばし、
弧を描きながら横へ動か
す。★「と」の指文字で、
山を表現。

愛知

利き手とは反対の親指を
立て、その上で、下に向け
た利き手のひらを2〜3回
水平に回す。★男性を愛
するという表現。

三重

三

両手で指文字の『み（三）』
をつくり、指先を向かい合
わせる。

重い

両手の指をそろえ、手のひ
らを上に向け、そのまま両
手を下げる。

岐阜

鵜

口の前で親指と人さし指、
中指の指先を、つけたり離
したりする。★鵜飼（うか
い）の鵜のくちばしを表現。

滋賀

琵琶

親指を伸ばし、反対の手で
「琵琶」を持つように構え、
手首を中心に上下に振る。
★琵琶を演奏する様子。

単語

都道府県名

143

都道府県名

奈良

大仏

親指と人さし指で輪をつくり、反対の手のひらを上向きに構える。
★大仏様の両手を表現。

和歌山

和歌

山

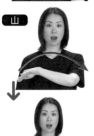

手をすぼめて口の前で構えたあと、手のひらを下に向け、弧を描く。

京都

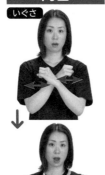

両手の親指と人さし指を開いて、下向きに2回下げる。★2回動かして、「西」を強調。

大阪

人さし指と中指を伸ばして、2回たおす。
★太閤秀吉の兜を表現。

兵庫

兵隊

両手を握って上下に重ねる。
★兵庫の「兵」を、銃を持つ兵隊の様子で表す。

岡山

いぐさ

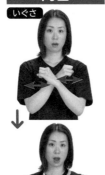

両手を交差するように振りながら、手のひらを開閉する。★名産の畳の原料のいぐさを表現。

鳥取

鳥

口の前で、親指と人さし指の指先をつけたり離したりする。
★くちばしを表現。

取る

手を自分側に引きながら、握る。

島根

島

利き手とは反対の手の指先を下向きにすぼめ、そのまわりを、利き手のひらを上に向けて半周させる。

根

指を開いて伸ばし、下に向ける。
★根の様子を表現。

広島

鳥居

両手の人さし指と中指を左右に離してから、下に動かし、鳥居の形を書く。★厳島神社の鳥居を表す。

山口

山

手のひらを下に向け、上向きに弧を描く。

口

人さし指を、口のまわりに1周させる。

愛媛

利き手とは反対の小指を立て、利き手のひらを2〜3回水平に回す。★女性を愛するという表現。

徳島

徳

親指と人さし指を伸ばして、親指の指先をあごの下にあて、人さし指をたおす。

島

利き手とは反対の手の指先を下向きにすぼめ、そのまわりを、利き手のひらを上に向けて半周させる。

香川

香り

人さし指と中指をそろえて伸ばし、指先を鼻に近づける。

川

人さし指と中指、薬指を伸ばし、タテに下ろす。

高知

高い

親指を除く4本の指をカギ形に折って、上に上げる。

知る

手のひらを胸にあてて下ろす。

長崎

長い

両手の親指と人さし指でつくった輪を中央でつけてから、左右に離す。

崎

両手のひらを向かい合わせ、近づけながら前に出し、指先を合わせる。

宮崎

宮

両手の指を屋根の形に組む。★お宮の屋根を表現。

崎

両手のひらを向かい合わせ、近づけながら前に出し、指先を合わせる。

福岡

親指と人さし指を伸ばして、利き手側へ動かす。★博多帯を表現。

佐賀

人さし指でこめかみをさし、4本の指を開いて閉じ、また開く。★地元の伝説に出てくる化け猫につけたカンザシを表現。

熊本

両手の親指と人さし指を大きく広げて、丸の形をつくり、体に2回あてる。★加藤清正のよろいの紋を表現。

大分

親指と人さし指でつくった輪を、反対の手の甲の小指寄りの手首あたりに2回あてる。★九州内での大分県の位置を表す。

鹿児島

人さし指と中指、薬指を伸ばし、手首を返しながら、上に上げる。★鹿の角を表現。

沖縄

人さし指と中指を伸ばして、手首を返しながら上に上げる。★琉球舞踊の頭飾りを表現。

地名・国名や人名などの固有名詞の手話は、主として以下のような表し方をされます。

①固有の手話で表現

●『山形』(P.142)をさくらんぼで、『奈良』（左ページ）を大仏様で表すなど、特産物や有名建造物で表現。『中国』(P.146)をチャイナドレスの形で表すなど、国やその地域をイメージさせる事物を踏まえたものも。

●『大阪』（左ページ）を太閤秀吉の兜で、『熊本』（左記）を加藤清正のよろいで表すなど、歴史上の人物や事柄を踏まえる。人名では、『佐々木』(P.147)を佐々木小次郎の刀で表すなども。

●『北海道』(P.142)や『大分』（左記）のように、地形や県のある位置で表現。そのほかにも、多様な語源がある。

②漢字単位で表現

『石川』(P.143)→『石』+『川』、『鳥取』（左ページ）→『鳥』+『取る』のように、漢字ごとの単語で表す。人名では、『鈴木』(P.148)→『鈴』+『木』、『高橋』(P.148)→『高い』+『橋』なども。

③指文字で表現

①、②のような方法で表せない場合、指文字(P.136〜139)で表す場合がある。空間に文字を書いて見せる（空書き）方法も。

そのほかの固有名詞の表し方

●商品名、作品名などは、単語単位で表すことが多い。

　例)『鬼滅の刃』→『鬼』+『滅ぼす』+『刃』

●企業名も単語単位や指文字で表すことが多いが、特に有名企業だと、企業のロゴやイメージを踏まえた固有の手話があるものもある。

　例)『Amazon』→企業ロゴに入った「弧を描く矢印」で表す

　『マクドナルド』→人さし指、中指、薬指を伸ばし、指先を下に向け「M」の形を見せる。

・そのほかの固有名詞も同様に、有名なものは固有の手話で表すものがあり、それ以外は単語単位や指文字で表すことが一般的。

単語

都道府県名

国名

アメリカ

手を開いて甲を相手側に向け、

手を上下に揺らしながら、利き手側に動かす。
★アメリカの国旗から。

ロシア

人さし指をくちびるの端にあて、

くちびるの上を横に動かす。
★ロシアで使われている手話から。

中国

親指と人さし指をつけ、反対側の胸にあてて、横に動かす。

まっすぐ下ろす。
★チャイナドレスの形を表現。

イギリス

人さし指と中指を伸ばして反対側のあごの横にあて、

あごに沿って動かす。
★バッキンガム宮殿の衛兵の帽子のあごひもを表現。

ドイツ

額の前で人さし指を立て、

ななめに上げる。
★かつてヒンデンブルク大統領がかぶった鉄かぶとを表現。

韓国

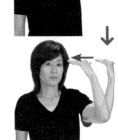

指をそろえて、頭の横にあてる。

髪をなでるように下ろし、手を頭から離し、指先をこめかみにつける。
★昔の韓国の男性の帽子を表現。

フランス

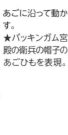

肩の前で親指を伸ばし、

弧を描きながら、ななめに下ろす。
★ナポレオン皇帝の服の形を表現。

イタリア

親指と人さし指の指先を曲げ、

揺らしながら下げる。
★イタリアの細長い地形を表現。

口話に比べ、世界で共通性の高い手話

手話は基本、国によって違います（P.10参照）。しかし、言葉（口話）と比べ、手話はジェスチャーに通じる部分もあるため世界的に共通性が高く、海外でも不思議と、手話使用者同士は通じ合うことが多いようです。

動画も見られます▼

国名

人名

人名

加藤

両手の人さし指を伸ばし、相手側に向ける。

前に突き出す。
★両手の人さし指はヤリを示し、加藤清正の虎退治を表現。

赤井

赤い｜井

人さし指の指先を、くちびるに沿って横に動かす。

両手の人さし指と中指を伸ばし、タテ横に組み合わせて、漢字の「井」の形をつくる。

木下

木｜下

両手の親指と人さし指を開いて下に向け、手首を起こしながら上げていく。★幹と枝が広がる様子。

親指を横向きに、人さし指を下向きに伸ばして、漢字の「下」の形をつくる。

佐々木

肩の上で手を握る。

背中に向け、ななめに上下させる。
★佐々木小次郎が背中に差した長い刀を抜く様子を表現。

青田

青い｜田

親指を除く4本の指をほおにあて、指先で耳のほうへなでる。
★ひげそりあとの青さを表現。

両手の人さし指と中指、薬指を伸ばして開き、タテ横に組み合わせて、漢字の「田」の形をつくる。

小池

小｜池

人さし指と中指で、反対の手の人さし指をはさみ、漢字の「小」の形をつくる。

利き手とは反対の手の親指を開いて構え、その横で、利き手のひらを上に向け水平に回す。

佐藤

砂糖

指をそろえて手のひらを立てる。

口のまわりを2周させる。
★「砂糖」と同音であることから。

阿部

あ｜べ

指文字の『あ』をつくる。

指文字の『べ』をつくる。
★指文字のひらがなはP.136。

近藤

近い｜藤

両手の親指と人さし指の指先をつけて前後に構え、利き手を反対の手に近づける。

すぼめた指先を、下向きにした反対の手のひらに当て、ひねりながら下ろす。

斎藤

あごの下で人さし指と中指を伸ばす。

指先をあごに2回あてる。
★利き手で斎藤道三のあごひげを表現。

大森

大｜森

親指と人さし指を開き、やや弧を描きながら利き手側へ動かす。

指を広げた両手を、交互に大きく上下させながら、左右に離していく。

坂口

坂｜口

指先をそろえ、ななめに上げる。

人さし指を、口のまわりに1周させる。

酒井

酒 | 井

親指を除く4本の指先を、あご→額の順につける。

両手の人さし指と中指を伸ばし、タテ横に組み合わせて、漢字の「井」の形をつくる。

中島

中 | 島

伸ばした人さし指に、反対の手の親指と人さし指をコの字に曲げて組み合わせ、「中」の字をつくる。

利き手とは反対の手の指先を下向きにすぼめ、そのまわりを、利き手のひらを上に向けて半周させる。

鈴木

鈴 | 木

指先をすぼめて下に向け、小さく振る。

両手の親指と人さし指を開いて下に向け、手首を起こしながら上げていく。

前川

前 | 川

手のひらを立て、前に出す。

人さし指と中指、薬指を伸ばし、タテに下ろす。

高橋

高い | 橋

親指を除く4本の指をカギ形に折って、上に上げる。

両手の人さし指と中指を伸ばし、弧を描くように体に引き寄せる。

森田

森 | 田

指を広げた両手を、交互に大きく上下させながら、左右に離していく。

両手の人さし指と中指、薬指を伸ばして開き、タテ横に組み合わせて、漢字の『田』の形をつくる。

谷村

谷 | 村

両手の指先を少し曲げて向かい合わせ、中央に寄せながら指先から下げていく。

利き手とは反対の手の指先をすぼめて下に向け、利き手の人さし指をあて、両手を引く。

渡辺

綿 | 鍋

両手のひらを上に向け、親指とほかの4本の指先をつけたり離したりする。★綿の軽さを表現。

両手の指先をすぼめて向かい合わせ、左右に離しながら上げる。★鍋を表現。

※このページの「人名」の動画のQRコードはP.146にあります。

章の側注: 7章　単語　人名／曜日　動画も見られます▼　曜日　日時

月曜日

月

親指と人さし指をつけ、指先を開きながら下ろし、再び閉じる。★指先で、三日月の形を表現。

火曜日

赤い

人さし指の指先を、くちびるに沿って利き手側に動かす。★くちびるの色から、赤を表現。

燃える

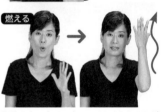

指先を上に向けて立て、ゆらゆらさせながら上げる。★炎がゆらゆらと上がる様子を表現。

水曜日

水

手のひらを上向きにして、上下に揺らしながら横へ動かす。★水が流れる様子。

木曜日

木

両手の親指と人さし指を開いて下に向け、手首を起こしながら上げていく。★幹と枝が広がる様子。

金曜日

（金）

親指と人さし指で輪をつくり、軽く振る。
★『お金』、『金色』という単語も同形。

土曜日

（土）

すぼめた親指と4本の指の指先をこすり合わせる。
★『砂』という単語も同形。

日曜日

（赤い）
（休み）

人さし指の指先をくちびるの端にあてる。くちびるに沿って、横に動かす。
★くちびるの色から、赤＝祝日の色を表現。

両手のひらを下に向け、左右から中央に寄せる。
★赤→休みで、日曜日を表現。

今日

両手の指先を相手側に向け、手のひらを下向きにし、同時に軽く下げる。

明日

手の甲を自分側に向け、指文字の『1』をつくり、顔の横から前に振る。
★「1日後」を表す。
★数字の指文字はP.140。

あさって

手の甲を自分側に向け、指文字の『2』をつくり、顔の横から前に振る。
★「2日後」を表す。

昨日

手の甲を相手側に向け、指文字の『1』をつくり、顔の横から後ろに振る。
★「1日前」を表す。

おととい

手の甲を相手側に向け、指文字の『2』をつくり、顔の横から後ろに振る。
★「2日前」を表す。

毎日

両手の甲を相手側に向け、親指と人さし指を開いて、手前から向こうへ何周か回す。

1日中

（1日）

人さし指を立て、反対側の肩の前から横に動かす。

（ずっと）

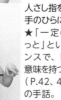

人さし指を、反対の手のひらにあてる。
★「一定の期間ずっと」というニュアンスで、「続く」の意味を持つ『ずっと』（P.42、43）とは別の手話。

1週間

（1週）

利き手で指文字の『7』をつくり、指先を反対の手のひらにつけたあと、利き手側に動かす。
★「7日」を表す。
「2週間」なら2回、「3週間」なら3回動かす。

（間）

肩幅ほどの間隔を空けて両手のひらを向かい合わせ、下げる。

1カ月

ほおの横で指文字の『1』をつくる。　手首を返しながら前に出す。

1年

（1）（年）

指文字の『1』をつくる。　握った反対の手にあてる。★握った手は木の年輪を表す。

1月

利き手とは反対の手で指文字『1』をつくり、その下で、利き手の親指と人さし指で三日月を空間に書く。

10月

利き手とは反対の手で指文字の『10』をつくり、その手の下で、利き手の親指と人さし指で三日月を空間に書く。

149

家族・親戚

家族

家

両手のひらをななめに合わせ、屋根の形をつくる。

母

人さし指でほおに触れたあと、小指を立て、上に動かす。

パートナー

両手の人さし指を立て、左右から近づける。
★仕事などのパートナーにも使える。

弟

中指を立て、下に動かす。

妹

小指を立て、下に動かす。

両親

利き手の親指と小指を伸ばし、手首を振りながら外側へ動かす。
★利き手は『人々』という手話。

人さし指でほおに触れたあと、親指と小指を立て、軽く振る。
★「父」「母」の手話を同時に行う。

息子

親指を立て、おなかの前から弧を描きながら前に出す。

娘

小指を立て、おなかの前から弧を描きながら前に出す。

兄弟／姉妹

両手の中指を立て、利き手を上下に動かす。

★男同士の場合。中指は男を表し、上げたほうは兄、下げたほうは弟。女同士の場合は小指を立てる。男女のきょうだいの場合、片手は中指、反対の手は小指に。

親戚

両手の親指と人さし指で輪をつくり、顔の横で2つの輪をつける。

輪にしたまま利き手を前に出す。

夫

人さし指で自分をさしたあと、親指を立て、前に出す。

妻

人さし指で自分をさしたあと、小指を立て、前に出す。

兄

中指を立て、上に動かす。

姉

小指を立て、上に動かす。

おじ

親戚

左の『親戚』の手話。

男

利き手を前に出し、親指を立て、上に動かす。

父

人さし指でほおに触れたあと、親指を立て、上に動かす。

夫婦

親指と小指を立て、甲を相手側に向けて、手首を2回返す。

おば

親戚

左ページの『親戚』の手話。

女

利き手を前に出し、小指を立て、上に動かす。

祖母

人さし指でほおに触れる。

小指を曲げ、手を2回回す。

次女

利き手とは反対の手で指文字の『2』をつくり、その中指に利き手の小指をつけて、横へ離す。
★『2』は「2番目の娘」の意味。

知人

知る

手のひらを胸にあてて下ろす。

人

人さし指で漢字の「人」を空間に書く。

孫

手のひらを下に向け、2段階に分けて下げる。

いとこ

手のひらを下に向け、胸に2回あてる。★同じくらいの年齢（成長）を表す。

義母

ぎ

親指と中指、薬指の先をつけ、横に動かす。
★指文字の『ぎ』。

母

人さし指でほおに触れたあと、小指を立て、上に動かす。

友だち

両手を合わせて握り、胸の前で水平に回す。　仲よし　友情

家庭

家

両手のひらをななめに合わせ、屋根の形をつくる。

祖父

人さし指でほおに触れる。

親指を曲げ、手を2回回す。
★曲がった腰を表す。

長男

利き手とは反対の手の人さし指で指文字の『1』をつくり、利き手の親指をつけて、横へ離す。
★『1』は「1番目の息子」の意味。

ペット

利き手とは反対の手の指先を曲げて下に向け、その上で利き手を回す。★ペットの頭をなでる様子。

利き手を下げ、手のひらを下に向けて水平に回す。★利き手は『みんな』という手話。

会社

両手の人さし指と中指を立て、頭の横で互い違いに前後に動かす。

仕事

両手のひらを上に向けて、指先を向かい合わせ、指先を寄せる・離すを2回くり返す。

営業

両手の親指と人さし指で輪をつくり、半回転ずらして水平に回す。
★お金が回る様子。 経済

事務

利き手をペンを持つ形にし、反対の手をひじに添えて、利き手を左右に動かす。

総務

両手のひらを下向きにして中央に寄せながら握り、上下に重ねる。
★真ん中でギュッとまとめるイメージ。 まとめる 要約

ム

指文字の『ム』をつくる。

会社員

会社

両手の人さし指と中指を立て、頭の横で互い違いに前後に動かす。

員

親指と人さし指で輪をつくり、反対側の肩にあてる。

正（社員）

正式

指をそろえて、額の前でななめに構え、まっすぐにする。 本格
★左の『会社』『員』を続け、『正社員』に。

派遣（社員）

派遣

利き手とは反対の手のひらを下向きにし、その下で利き手の親指を立て、前に出す。
★左の『会社』『員』を続け、『派遣社員』に。

販売

両手の親指と人さし指で輪をつくり、互い違いに前後に動かす。
★お金が行き交う様子。

公務員

両手の人さし指で「ハ」の字をつくる。

利き手とは反対の手はそのまま保ち、利き手で指文字の『ム』をつくる。
★「公」の字。

員

親指と人さし指で輪をつくり、反対側の肩にあてる。

自営業

自分

人さし指で自分をさし、指先を上に向ける。

営業

両手の親指と人さし指で輪をつくり、半回転ずらして水平に回す。

アルバイト

仮

親指と人さし指で輪をつくり、反対の手の甲にあてる。

仕事

左ページの『仕事』の手話。

パートタイム

時間

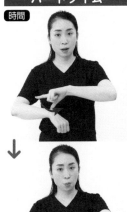

親指と人さし指を伸ばし、親指を反対の手の甲にあて、半回転させる。
★時計の針が回るイメージ。
★「〜時」という場合は、P.60 などの『時間』を使う。

仕事

左ページの『仕事』の手話。

フリーランス

両手で指文字の『F』をつくって交差させ、手首を返しながら、左右に開く。

専業主婦 / 主夫

専門

両手の人さし指と中指を伸ばして、手のひらを相手側に向け、手首を返して、内側に寄せる。

主婦

ななめにした反対の手の下で、利き手の小指を立てる。

★『主夫』の場合は親指を立てる。

学生

両手の親指と人さし指を伸ばし、上下に構え、両手を互い違いに上下させる。

先生

教える

頭のあたりで人さし指を相手に向けて2回振る。
★自分が『教わる』場合は、指先を自分に向けて振る。

男

親指を立てる。

★女性の先生の場合は小指を立てる。

女

医師

医療

人さし指と中指を伸ばし、反対の手首にあてる。
★脈をとる様子。

男

親指を立てる。

★女性の医師の場合は小指を立てる。

女

看護師

医療

人さし指と中指を伸ばし、反対の手首にあてる。

お世話

両手のひらを向かい合わせ、互い違いに上下させる。

資格

親指、人さし指、中指を伸ばし、反対側の胸にあてる。

場所

交番

警察

親指と人さし指の指先を曲げ、額にあてる。★警察の帽子の記章を表現。

場所

指先を下に向けてすぼめ、そのまま下ろす。

階段

手のひらを下向きにする。

段を空間に書く。

エレベーター

人さし指と中指を伸ばし、反対の手のひらに乗せる。

両手を上に動かす。

エスカレーター

人さし指と中指を伸ばし、反対の手のひらに乗せる。

両手をななめ上に動かす。

デパート

販売

両手の親指と人さし指で輪をつくり、互い違いに前後に動かす。

建物

両手のひらを向かい合わせて上に上げ、中央に寄せる。

スーパー

両手を握る。

指を開きながら、反対の手のほうに2回動かす。★かごの中にものを入れる様子。

コンビニ

利き手で指文字の『2』、反対の手で指文字の『4』をつくり、手のひらを正面に向けたまま両手をいっしょに1回転させる。★24時間営業の『24』で表現（数字の指文字はP.140）。

レストラン

ナイフとフォークを使う動作をする。

学校

両手のひらを自分側に向け、前後に軽く動かす。★本を読んで勉強する様子。

本屋

本

両手のひらを胸の前で合わせ、両手を開く。★本のページを開く様子。

店

両手のひらを上向きに並べ、左右に離す。

銀行

両手の親指と人さし指で輪をつくり、同時に上下に動かす。

郵便局

郵便

利き手とは反対の人さし指と中指を伸ばし、その下に利き手の人さし指を2回あてる。★〒マークを表現。

手紙

局

利き手とは反対の手で輪をつくり、利き手の人さし指をまっすぐ下げてから跳ね上げる。★漢字「局」の一部。

役所

行政

利き手のひじを、反対の手のひらに乗せ、利き手を前後に2回振る。

場所

指先を下に向けてすぼめ、そのまま下ろす。

図書館

本

両手のひらを胸の前で合わせ、両手を開く。

建物

両手のひらを向かい合わせて上に上げ、中央に寄せる。

車

親指とそれ以外の指でコの字をつくり、前に出す。

信号

顔の前で両手を握り、交互に開いたり閉じたりする。★信号の点滅を表す。

交通

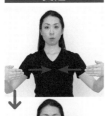

両手の指先を向かい合わせて胸の前で重なり合うよう動かし、左右に離す。

踏切

両手の人さし指を横向きに伸ばし、手首を立てて指を上に向け、また元に戻す。

改札

親指と人さし指で、上向きにした反対の手のひらをはさむ。
※これだけで「駅」を表すこともある。★切符にハサミを入れる様子。

最寄り駅

近い

両手の親指と人さし指の指先をつけて前後に構え、利き手を反対の手に近づける。

駅

親指と人さし指で、上向きにした反対の手のひらをはさむ。

遅延

遅れる

両手の親指と人さし指を伸ばして開き、利き手側へ弧を描くように動かす。

運休

休み

両手のひらを下に向け、左右から中央に寄せる。

みどりの窓口

みどり

利き手とは反対の手を横に伸ばし、その腕の内側に、指先を上に向けた利き手を入れ、利き手側へ移動させる。★地面と草を表し、転じて「緑（色）」の意味。

窓口

利き手とは反対の手はそのままにし、指をそろえ下に向けた利き手のひらを2回あてる。

振り替え輸送

振り替え

人さし指と中指を開き、手首を返しながら横に動かす。

輸送

両手のひらを上に向けて、利き手の反対側から横へ移動させる。

終点

最後

利き手を横に動かし、反対の手のひらに指先をあてる。

駅

親指と人さし指で、上向きにした反対の手のひらをはさむ。

渋滞

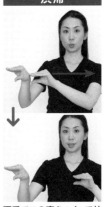

両手でコの字をつくって並べ、利き手を軽く上下させながら利き手側へ引く。★「コ」の形で車を表す。

飛行機

親指と人さし指、小指を伸ばし、ななめに上げる。★飛行機が飛び立つ様子。

空港

飛行機

親指と人さし指、小指を伸ばし、ななめに上げる。

場所

指先を下に向けてすぼめ、そのまま下ろす。

食べ物・飲み物

ごはん

人さし指と親指の先をつけ、口の端にあてる。
米

パン

親指と人さし指の先をつけ、開く。
★パンがふくらむ様子。

パスタ

人さし指、中指、薬指を伸ばし、反対の手のひらの上でひねる。
★利き手はフォーク、反対の手は皿を表現。

肉

利き手の指で、反対の手の親指と人さし指の間をつまむ。

魚

手のひらをゆらゆらと横へ移動させる。
★魚が泳ぐ様子。

野菜

両手を軽くすぼめて向かい合わせ、丸い形を書きながら上へ動かす。
★白菜などの形を表現。

くだもの

両手をすぼめて上に向け、互い違いに上下させる。
★果実が木になっている様子。

おにぎり

両手をおにぎりを握る形にし、上下を返す。

サンドイッチ
コの字形にした手で反対の手の指をはさむ。

ピザ
人さし指と親指を伸ばし、口元に近づける。★ピザを持って食べている様子。

ラーメン
利き手とは反対の手をすぼめて上に向け、利き手で指文字の『ラ』をつくり、食べる動作をする。
★ラーメンと器を表す。

ハンバーグ

両手を上下に向かい合わせにし、上下を2回入れ替える。★ひき肉をこねている様子。

からあげ
ニワトリ

親指を額につけ、残りの4本の指をそろえて左右に2回揺らす。★トサカを表現。

揚げる
利き手とは反対の手のひらを軽く曲げて上を向け、利き手の指をすぼめて下から近づける。★鍋と火を表し、揚げ物をする様子。

お弁当
利き手とは反対の手の親指を直角に開き、その上で利き手を手前に2回引く。★お弁当箱にごはんを詰める様子。

和食
日本
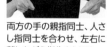
両方の手の親指同士、人さし指同士を合わせ、左右に離しながら指先をとじる。★日本列島の形を表現。

食事

利き手とは反対の手をすぼめて上に向け、利き手の人さし指と中指を伸ばし、食べる動作をする。★伸ばした指で箸を表現。

洋食
外国

人さし指で目のまわりをなぞるように円を書く。★目の色が違う=外国人を表し、西洋を意味する。

食事
フォークとナイフを使っている動作をする。

中華料理
中国

親指と人さし指の先をつけ、反対側の胸にあてて横に動かし、下げる。★チャイナドレスの形を表現。

料理

利き手とは反対の手の指を曲げて下向きにし、その横で利き手を上下させる。★包丁で食材を切っている様子。

スイーツ
甘い

指をそろえ、口のまわりを2周させる。

動画も見られます ▼

チョコレート

甘い

指をそろえ、口のまわりを2周させる。

割る

両手の指先を合わせ、離す。
★板チョコを割る様子。

アイスクリーム

冷たい

両手を握って震える動作をする。

食べる

利き手とは反対の手をすぼめて上に向け、利き手で食べる動作をする。
★利き手はアイスのスプーンを持つ形。

水

手のひらを上向きにして、上下に揺らしながら横へ動かす。★水が流れる様子。

お茶

親指と小指を伸ばし、傾ける。
★急須でお茶を注ぐ様子。

お酒

親指を除く4本の指先を、あご→額の順につける。

紅茶

親指と人さし指をつけてすぼめ、軽く指を曲げた反対の手の上で上下させる。
★ティーバッグを上下させる様子。

ランチ

昼

顔の中央に、人さし指と中指をそろえて立てる。

食事

利き手とは反対の手をすぼめて上に向け、利き手の人さし指と中指を伸ばし、食べる動作をする。

外食

家

両手のひらをななめに合わせ、屋根の形をつくる。

利き手の親指を立て、前に出す。★家の外に行くことを表す。

食事

利き手とは反対の手をすぼめて上に向け、利き手の人さし指と中指を伸ばし、食べる動作をする。

酔う

顔の前で両手の親指と人さし指で輪をつくり、利き手は上へ、反対の手は下へ動かす。
★視線が定まらない様子。

おかわり

両手をすぼめて前後に構え、位置を入れ替える。
★器を入れ替える様子。

おなかがすいた

手のひらを下向きにしておなかにあて、弧を描くようにななめに下げる。

おなかいっぱい

利き手のひらをおなかにあて、反対の手を少し離して横向きに構える。

利き手を前に出し、甲を反対の手のひらにあてる。
★おなかがふくらむ様子。

のどがかわいた

指先をのどにあて、左右に振る。

いただきます

食事

利き手とは反対の手をすぼめて上に向け、利き手の人さし指と中指を伸ばし、食べる動作をする。

両手のひらを顔の前で合わせる。

ごちそうさま

おいしい

利き手をほおに2～3回あてる。

ありがとう

指を伸ばした利き手を反対の手の甲に乗せ、上げる。
★相撲で、勝った力士が行司から懸賞金を受け取る際の「手刀（てがたな）」がもとになっている。

157

動物

両手の親指、人さし指、中指を下向きに曲げ、交互に前に出す。
★動物の鉤爪を表す。

子（ネズミ）

人さし指と中指を伸ばし、口にあて、指先を2回たおす。
★ネズミの前歯を表現。

丑（ウシ）

両手の人さし指と親指を伸ばして、親指を頭の横にあてる。
★牛の角を表現。

寅（トラ）

両手の指を開き、甲を相手側に向け、ほおの横で外側へ2回動かす。★トラの顔の縞模様を表現。

卯（ウサギ）

頭の上あたりで、両手のひらを後ろに向けてパタパタと揺らす。
★ウサギの耳を表現。

辰（竜）

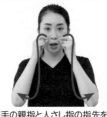

両手の親指と人さし指の指先をつけ、鼻の横あたりからななめ上に少し上げたあと、下へ動かす。
★竜の長いひげを表現。

巳（ヘビ）

親指を伸ばし、蛇行させながらななめ前へ動かす。★ヘビがニョロニョロと這う様子。

午（ウマ）

両手の人さし指を伸ばして、前に2回たおす。
★馬にムチを入れる様子。

未（ヒツジ）

両手の人さし指を伸ばし、頭の横で2回回す。
★羊の角を表現。

申（サル）

指先を反対の手の甲に乗せ、体側へ2回動かす。
★サルが手を掻いている様子。

酉（ニワトリ）

親指を額につけ、残りの4本の指をそろえて左右に2回揺らす。
★トサカを表現。

戌（イヌ）

手のひらを相手側に向けて頭の上にあて、前に2回たおす。
★犬の耳を表現。

亥（イノシシ）

両手を軽く握って人さし指の指先を曲げ、口元から前に出す。
★イノシシの牙を表現。

猫

手を軽く握り、空中を掻くように動かす。

ハムスター

両手の指先をすぼめてほおにあて、開いたり閉じたりする。
★食べ物をほおに詰め込んだ様子。

鳥

口の前で、親指と人さし指の指先をつけたり離したりする。
★くちばしを表現。

魚

手のひらをゆらゆらと横へ移動する。★魚が泳ぐ様子。

トカゲ

両手の人さし指と中指、薬指を伸ばして指先を曲げ、互い違いに上下に動かす。★トカゲが壁などを這っている様子。

カエル

胸の前で両手のひらを下に向けて指先を向かい合わせ、水平にして、ななめに下げる。
★カエルがジャンプする様子。

虫

人さし指の指先を曲げたり伸ばしたりしながら横へ移動する。
★毛虫などが移動している様子。

晴れ

顔の前で両手を交差させ、両手を同時に左右に開く。
★目の前が明るくなる様。 明るい

雨

両手の指を下向きに伸ばし、同時に下ろす。

くもり

肩の上で、指を軽く曲げた両手のひらを向かい合わせ、両手を互い違いに回しながら、横へ移動させる。★雲が広がる様子。

雪

人さし指で歯をさす。
★雪の「白」を表現。

親指と人さし指で輪をつくり、揺らしながら下ろす。

天気

手のひらを相手側に向け、顔の前で大きく弧を描く。 空

春

両手を開き、下から上に向かって風を送るように動かす。
★暖かい春風を表現。 暖かい

夏

手を握り、肩のあたりで2～3回振る。 暑い
★うちわであおぐ様子。 南

秋

両手を開き、顔に向かって風を送るように動かす。
★涼しい秋風を表現。 涼しい

冬

両手を握って震える動作をする。
寒い 冷たい

自然

きっかけ
生じる

手のひらを相手側に向けて人さし指を立て、下向きに弧を描くように、手首を返す。

山

手のひらを下に向け、弧を描く。

川

人さし指、中指、薬指の間を空けぎみに伸ばし、蛇行させるように揺らしながら横へ動かす。
★川が流れる様子。

海

塩からい

小指を伸ばして、口元にあてる。

水

手のひらを上向きにして、上下に揺らしながら横へ動かす。

花

両手の指を上向きにすぼめ、手首を少し回しながら、両手を開く。
★花が開く様子。

草

指を広げた両手を、交互に上下させながら、左右に離していく。

動画も見られます▼

教育機関

ＩＴ関連

単語 13 教育機関

保育園

お世話

両手のひらを向かい合わせ、互い違いに上下させる。

場所

指先を下に向けてすぼめ、そのまま下ろす。

幼稚園

おゆうぎ

両手を体の横で合わせ、反対側で手の上下を入れ替えて再度合わせる。

場所

指先を下に向けてすぼめ、そのまま下ろす。

小学校

小

人さし指と中指で、反対の手の人さし指をはさみ、「小」の字をつくる。

学校

両手のひらを自分側に向け、前後に軽く動かす。★本を読んで勉強する様子。

中学校

中

伸ばした人さし指に反対の手の親指と人さし指をコの字に曲げて組み合わせ「中」の字をつくる。

学校

両手のひらを自分側に向けて、前後に軽く動かす。

高校

人さし指と中指をそろえて伸ばし、額の前を横へ移動させる。★昔の学生帽の校章を表す。

大学

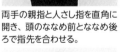

両手の親指と人さし指を直角に開き、頭のななめ前とななめ後ろで指先を合わせる。

前後を変え、同じ動作をくり返す。★大学の角帽の四隅を示す様子。

単語 14 ＩＴ関連

スマホ（スマートフォン）

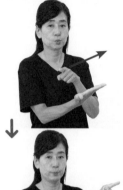

人さし指を伸ばして反対の手のひらにあて、スライドさせるように動かす。
★画面を操作している様子。

iPhone

指文字の『i』をつくる。★アルファベットの指文字はP.138。

人さし指をスライドさせるように動かす。

アプリ

両手で指文字の『ア』をつくり、上下に向かい合わせ、半回転ずらして回す。★ひらがな（カタカナ）の指文字はP.136。

タブレット

利き手とは反対の手の親指と人さし指を開き、利き手の人さし指をスライドさせるように動かす。
★スマートフォンより大きな画面を操作している様子。

フェイスブック

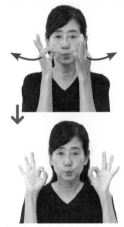

両手で指文字の『F』をつくり、顔の前で2回開くように動かす。★本（ブック）を開くイメージ。

LINE

両手で指文字の『L』をつくり、互い違いに前後に動かす。

ツイッター

指文字の『ツ』をつくり、親指と人さし指、中指をつけたり離したりする。
★つぶやく口元を表現。

ホームページ

両手の親指を伸ばし、上→下の順に、両手を同時に押すように動かす。
★掲示板に貼った紙（お知らせ）の四隅に画びょうを押すイメージ。

インスタグラム

親指、人さし指、小指を伸ばす。

親指と人さし指の指先をつける。
★カメラのシャッターを押す動作。

インスタ映え

『インスタグラム』の手話。

手のひらを前に向けて指先を軽く曲げ、手首を返して指先を目に向ける。
★写真がパッと目に入ってくる様子。

Wi-Fi

利き手とは反対の人さし指を立てる。その上で、利き手の人さし指、中指、薬指を伸ばす。

利き手を弧を描くように動かす。
★アンテナと電波を表現。

動画

利き手とは反対の手の親指と人さし指を伸ばす。その横で、開いた利き手の指先を横に向け、上下させる。

YouTube

利き手とは反対の手で指文字の『Y』をつくる。その横で、開いた利き手の指先を横に向け、上下させる。
★『Y』と『動画』の表現。

ダウンロード

肩の前で利き手の指をそろえて伸ばし、反対の手は親指と人さし指を開く。

利き手をななめに下ろし、反対の手の親指と人さし指の間につける。

フォロワー数

【フォロワー】

利き手とは反対の手の人さし指を立て、利き手の指をななめ上から近づける。

【数】

両手で指文字の『ゆ』をつくり、左右から中央に寄せ、2回あてる。

検索

利き手で『L』をつくり…

人さし指と中指の指先を目に向けて曲げ、左右に振る。

アクセス

肩の前で利き手の指をそろえて伸ばし、握った反対の手に指先をつける。

インターネット

利き手で指文字の『イ』をつくり、握った反対の手のまわりを、タテにぐるっと一周させる。★地球のまわりをネットが巡る様子。

新しい言葉など

オリンピック

両手の親指と人さし指で輪をつくって組み、手首を返しながら指を組みかえて、同じ形を3回つくる。★五輪のマークを表現。

パラリンピック

人さし指、中指、薬指を横向きに伸ばし、手首を返す。★パラリンピックのマークを表現。

デフリンピック

両手の中指、薬指、小指を伸ばし、親指と人さし指で輪をつくる。両手の輪を重ねて上下を入れ替える。★デフリンピックのマークを表現。

令和

指先を上向きにすぼめ、開きながら前に出す。★梅の花が開く様子。

平成

手のひらを下に向け、まっすぐ横へ動かす。
平ら

昭和

首の横で親指と人さし指をコの字形にして、前に出す。★洋服の高いえりを表現。昭和に入って洋装が増えたことに由来する。

SDGs

S

人さし指で「S」を空間に書く。★大文字「S」の表現。

D

利き手とは反対の手の人さし指を伸ばし、その横で利き手の人さし指で半円を書く。★「D」の形を表現。

G

利き手とは反対の手の親指と人さし指を丸まったコの字形にして、反対の手の人さし指を組み合わせる。★「G」の形を表現。

s

人さし指で「S」を小さめに空間に書く。★小文字「s」の表現。

バリアフリー

顔の前で両手の指先を向かい合わせにし、下ろす。

手首を返し、両手を外側に開く。★「壁を壊す」という表現。

ダイバーシティ

人材

利き手とは反対の手を握り、その上で、利き手の親指と小指を伸ばし、軽く揺らす。★親指は男性、小指は女性を表す。

広がる

胸の前で両手のひらを向かい合わせ、左右に開く。

ユニバーサルデザイン

ユニバーサル

両手で指文字の『U』をつくる。

両手を左右に開きながら、指文字の『V』をつくる。

デザイン

両手のひらを水平にして、互い違いに前後させる。

LGBT

利き手とは反対の手で指文字の『L』をつくる。

利き手の親指と人さし指を開き、手首を前後にひねりながら横へ動かす。★利き手は『いろいろ』の手話。

※「SDGs」は新しい手話も発表されました。

さくいん

さくいん　*赤字のページ数は、同形の別の意味として掲載されているものです。

＜監修＞ 谷 千春

たに・ちはる●1960年東京生まれ。手話通訳士。NHK
手話ニュースキャスターやテレビの手話講座の講師を経
て、現在、NPO手話技能検定協会副理事長。わかりやす
い解説には定評があり、大学、カルチャーセンターや企業
での手話講座の講師としても人気。英語の手話も堪能で、
数々の国際会議でも手話通訳者として活躍している。著
書・監修書に『DVDつき ゼロからわかる手話入門』『は
じめての子ども手話』（ともに主婦の友社）、『コンパクト手
話辞典』（池田書店）など。

装丁・本文デザイン／今井悦子（MET）
取材・文／植田晴美
撮影／佐山裕子（主婦の友社）
　　　三富和幸（DNPメディア・アート）
　　　黒澤俊宏　MEGRO.8
表紙イラスト／ *Igloo*dining*
本文イラスト（P.36、50）／速水えり
ヘアメイク／今関梨華（リンクス）
モデル／高木里華、中原奈美
動画制作／山内純子
取材協力／大政恵美　岸 晴恵　腰塚明美
校正／北原千鶴子
編集担当／松本可絵（主婦の友社）

※本書は『DVDつき はじめてのボランティア手話』（2017年刊）に新規内容を加え
　（動画も含めて）、再編集したものです。

動画つき 気持ちが伝わる はじめての手話

2021年12月31日　第1刷発行
2025年 1 月20日　第6刷発行

監　修　谷 千春
発行者　大宮敏靖
発行所　株式会社主婦の友社
　　　　〒141-0021
　　　　東京都品川区上大崎3-1-1 目黒セントラルスクエア
　　　　☎ 03-5280-7537（内容・不良品等のお問い合わせ）
　　　　☎ 049-259-1236（販売）
印刷所　大日本印刷株式会社

Ⓒ Shufunotomo Co., Ltd. 2021 Printed in Japan
ISBN978-4-07-449510-8

■〈図書館の方へ〉本書は館外貸し出し可です。
■QRコードは株式会社デンソーウェーブの登録商標です。
■本のご注文は、お近くの書店または主婦の友社コールセンター（電話
　0120-916-892）まで。
＊お問い合わせ受付時間　月〜金（祝日を除く）10:00 〜 16:00
＊個人のお客さまからのよくある質問のご案内
　https://shufunotomo.co.jp/faq/